合作課

從我到我們的團隊練習

FROM ME TO WE,
EXERCISES OF COLLABORATION

吳緯中

目次

第二輯　創造合作連結

第三輯　看見合作的美麗

照片輯

從「我」到「我們」的故事

高一下學期，開平餐飲學校為孩子舉辦象徵成年禮的「拜師大典」。300 多位學生堅定不移的站立，宣誓對夢想的承諾：「我存在，我來了，我已經在出發的路上！」

一年級新生才入學兩個月，開平餐飲就舉辦別樹一幟的「期中考」。這場考試沒有紙筆測驗，而是讓每個學生成為簡報者，透過開口說話展現學習成果。我們也邀請家長一同見證孩子的成長。

2016 年 4 月，我參訪位於奧地利第二大城格拉茲的弗龍萊騰小學，正巧遇到每週五的班級會議課程。在充滿家庭氛圍的教室裡，全班圍成一圈，幾位老師在旁陪伴，讓學生在班級會議中學習參與公共事務，輪流擔任主席和記錄，學習議事流程，訓練公民素養。

在近 30 分鐘的學生集會中，所有的孩子舉止得宜、全神專注、熱烈回應。在我眼裡，他們不只是稚氣的小學生，更是以公眾事務為己任的模範公民。

傳統課堂的景致我們都很熟悉：「嘴巴閉上」、「安靜下來」、「不要講話」等，老師的話是聖諭、真理，是不容挑戰的存在。然而，說話占了我們人生的大半，它與自我表達相連，更和自尊、自信、自我價值緊密相依。

我深信，只要老師能創造一個鼓勵說話的學習環境，以好奇、鼓勵的姿態接受孩子的聲音，必定能培養出更多樂意說話，且能好好說話的孩子。

學期的末了，我帶200多個孩子用玩的方式，統整並分享在這幾個月合作過程中的喜怒哀樂。

在玩的時候，每個孩子各有自己的體驗，也自然內化成學習經驗；當每一位個人的經驗放在團體中，就成了團體智慧的呈現。最後他們發現：分享得愈多，手中的資源愈多，生命也愈顯豐富。

推薦序

以「合作」為名，和孩子創造生命滿足成就與歸屬

終於盼到了「合作」的書，尤其是緯中老師這麼細緻且精彩的一本。

「你都不合作！」「你們班不會和人合作！」「未來合作很重要你知道嗎？」在師長說出這些很熟悉的話之前，請先跟著緯中老師的書想想：我們會合作嗎？我們自己合作嗎？我們的話語讓孩子競爭還是合作？自己有體會過合作的快樂和成就、滿足嗎？

一群人要有共同的目標願景，看見彼此差異和相同，互補有無，往更好的地方去，這件事情，一點都不簡單，更何況是孩子？可是，如果孩子無法建立和他人的信任和連結、思考自己的定位和看見他人，體會到和一群人

有著共同目標願景，擔任其中一個螺絲釘，然後體會途中挫折、痛苦曲折、最後可能一敗塗地的失落再站起，又或共同完成願景、或是……如果沒有這些，生命會多荒蕪？多孤單？多單薄？

但「合作」不是這麼簡單，從願意在團體信任、一致性卸下偽裝，說出心中想望、意義感、內在動機到位。老師本身更難的是，放下身段如何傾聽全班孩子、卸下威權這個容易快速卻反向的面具，更多同理、對話和引導，用時間帶來覺知，才能讓孩子看見從「我」到「我們」的美麗。

從書中寫到，緯中老師任教於開平餐飲學校，對升學的制度不適應、對老師失望，也曾被同學霸凌，善感敏銳的他，在敘寫這本有關陪伴練習合作陪伴的書籍中，精彩細膩，小從班級幹部怎麼讓孩子討論、嘗試錯誤，一方面從鉅觀歷程、另一方面微觀記錄對話脈絡，培養出班級會合作的領導者。大到寫下孩子自主舉辦校慶、學姊陪伴學弟舉辦的大型活動……中間的故事、細節、脈絡、撕裂、完整、挫敗、失望等，豐富的風景，坦誠的筆觸寫出反思和孩子間一來一回的對話，我想，有整個開平餐飲和緯中老師的同事們，以及肯讓孩子有充足自由開放空間，承擔大型活動和專案的學校文化等條件配合，才能成就了這本細緻感人，卻又充滿操作性，新手老師可以按圖索驥，一步一步往前的「合作」書。

「我們想要怎麼樣的學習？」「該怎麼做，我們班才能完成這個任務？」「我可以做些什麼？或是，我們可以一起做些什麼，讓彼此更好？」老師沒辦法給孩子他所沒有的，如果每個老師都是教室裡孤獨的國王，怎麼有更遠大的教育願景？如果我們尊重多元、接納彼此，那麼「合作共榮共享」的美景，應該出現在每間充滿笑聲的學校裡！

期待您一起翻頁，和同事、孩子一起合作，一同創造生命更多滿足、成就與歸屬！

林怡辰
彰化縣原斗國小教師、暢銷書《從讀到寫》作者

推薦序

從傾聽開始，啟動師生對話

新課綱上路後，改變了過去著重知識為主的教育，強調培養學生素養，讓他們具備適用於真實社會有用的能力與態度，然而，不少老師、家長，面對這樣不同以往的教育分針，到底該如何落實，難免會有擔心與疑慮。緯中老師的這本書寫的是自身轉變教學觀念和模式——從要求孩子聽話，轉變成聽孩子說話的親身歷程，相信對於想知道在多元社會中如何陪伴孩子的老師或家長來說，一定很有幫助。

通常一個在傳統文化中長大的孩子，在當學生時，雖然非常抗拒傳統教學的模式，但當了老師後，卻會不知不覺地承襲了傳統的教學模式，這在

「關係動力學」裡面稱為「關係中的平行位移」。

緯中老師是一個很有教育熱忱，也很有親和力的老師。多年前，他帶著嚴管勤教的使命感，加上充分備課的自信走進教室，卻碰到學生不順從指令，忍不住心生怒火，對學生施加處分，希望用控制的手段讓學生屈服，於是就在老師生氣或與學生賭氣的糾結關係中煎熬；好在他總能及時想到在開平餐飲新師培訓三個月中，接受過的「傾聽」訓練：當你開始軟化自己的態度，從要求孩子聽話，到陪伴孩子、傾聽孩子的聲音，能進一步師生共學共創，糾結煎熬的關係就被化解掉了。

過去習慣以課本為教學的核心，對不少老師來說，以素養為核心的教育，確實是一個挑戰，然而三十年前，開平餐飲就開始致力這樣跳脫傳統的教育模式：沒有訓導處、沒有教務處、取消使用統一的教科書，以及不再用紙筆考試測評學生等一連串的措施，老師從不習慣到習慣並認同，需要三到五年的時間。當時被視為另類的學校，而時過境遷的現在，就完全符合一〇八課綱的核心精神。

這樣轉變的真實歷程是珍貴的，一直以來，我都鼓勵學校的老師們大方分享出來，而「分享」也是素養教育核心精神的呈現——在書裡，可以看到緯中老師這幾年在教學現場實踐彼得思教育（PTS Education）的教學模式，和孩子們合作、對話、反思的故事，如何達成尊重「自發」、透過對話「互動」、達到共享「共好」，形塑師生共學，這也是彼得思教育中重要的一環。

希望藉由這本書，可以讓更多老師和家長看到，教育原來可以這麼的不一樣，也許其中有一、兩個故事會觸動你現在的狀況，相信會對你未來陪伴孩子的過程很有幫助，若還有疑問也可以和緯中老師聯絡，我相信開平餐飲的老師都十分樂於分享的！

夏惠汶 院士　開平餐飲創辦人、彼得思教育（PTS Education）創始人

前言

要贏，就大家一起贏！

我是個不喜歡升學，卻被逼著適應體制的人。

高三第一次模擬考，我的校排名是一百二十名，以這樣的成績，大概只能進入私立後段的大學。我大受刺激，那時候的宜蘭還沒有太多誘惑，於是我鼓足勁，決心好好衝刺。

沒有別人的輸，怎麼有我的贏？

第二次模擬考，我擠進九十名；第三次，六十名；第四次，三十名，一路擊敗我的同學，腦中不斷播放狂賀紅榜的景象來激勵自己。到了真正決勝負的關鍵聯考，我殺進前二十名。

放榜那天，家人都以我為榮，雖然沒進到前三志願學校，卻也如願以償讀了理想的科系。我還記得，到台中讀書前，舅舅為了勉勵我，帶我上台北吃王品台塑牛排，那是我至今吃過最高級的一頓飯。

我現在回想起來，內心卻是一面苦笑，一面哀傷。

很諷刺的，我的贏，是建立在某人輸的基礎之上。我必須靠著擊敗別人而獲勝。如果沒有把人踩下去，就會有人踩我下去。

教育中的競爭，在我眼中，就是一個如此具危險性的意識形態，彷彿暗示著未來進入社會，不是有人在我前面，就是在我後面。以競爭為預設觀點下的社會，身旁總是埋伏等著我不注意，就心狠手辣吞噬自己的對手。

在這樣的遊戲規則中，不論喜不喜歡，我總有個名次。

「孩子，你想學什麼？」

然而，這幾年在開平餐飲學校，採用彼得思教育（PTS Education）[1]的經驗，我發現孩子能不靠著擊敗別人而成功，而是找到自己的學習姿態，摸索出一條自己的路。

我曾經在一年級新生的班上詢問大家：「如果你們可以選擇，你們想要學什麼？」

孩子當下被我震懾住，因為從來沒有大人問過他們這個問題，而他們從小到大，就只知道要努力讀書、取得好成績；只知道要贏過別人，絕對不能輸在起跑點上。

但隔了幾天，他們給了我各種不同的答案：說話、人際、資訊能力、脾氣、創意、時間控管、管理、自主、合作、解決問題、尊重……令我驚奇不已的想法。

在無意之間，這些十五、六歲單純孩子的想法，竟然和近年來創新教育

一年級上學期開學第一週，我透過發散和聚斂思考，陪伴孩子一起思考對自己所處團隊的期望。

的趨勢與內涵，有著異曲同工之妙。於是，在後續的課程中，我也給他們機會去追求自己想學習的內容。

這群孩子逐漸發現，在這所新的學校中，他們不必再重複過去的學習經驗，不必再靠著勝過別人而贏，而是每個人都可以找到自己定義的「贏」。他們可以各自成為自己學習目標的佼佼者：擅長管理能力的領導者、懂得情緒抒發的高EQ者、表達力滿分的演說者、能協調衝突的人際高手、自主規劃時間進度的學習者……。

他們另一個更大的發現是，無論朝哪一方面努力，都不能缺少彼此。

他們需要合作，讓每個人的亮點發揮出來，才能一起做更大的事、完成更艱鉅的任務。如同披頭四樂團主唱約翰．藍儂的話：「一個人做的夢就僅是個夢，一群人做的夢則必能成真。（A dream you dream alone is just a dream, a dream you dream together is reality.）」

競爭導向的教育出了什麼問題？

回頭再看台灣多數的教育，課堂中很少關心學生間的互動，僅存的交集之處，也幾乎都是零和的輸贏關係。

我認為，對競爭癡迷追求的教育，至少會帶來以下幾個問題：

•欲求極大化，彼此缺乏連結

競爭導向的教育引發個人主義，分化了團體，讓人趨向自私、嫉妒、見不得人好，甚至為了獲勝不擇手段，不僅損害人際關係，甚至催生仇恨的因子，勾出人性卑劣的性情。

這樣的文化也許對金字塔頂端的贏家有好處，卻讓大多數的孩子充滿挫敗經驗。而菁英教育所培養出來的人才，往往不太知道如何與人相處，遇到衝突也不知道如何解決。

至終，在這個讓人無法自拔的體系裡，人人都是輸家。長大以後也不容易活得踏實，時時心慌受怕，擔心什麼時候又有人翻身，超越、奪取了自己的成就。

很多中國的宮廷劇都充分刻劃了八卦、閒言閒語、批評鬥爭與落井下石的傷害力。

若能脫離競爭的心智模式，也許就不會把身旁的人看成潛藏的敵人，而是視為有潛力的合作夥伴。觀點的轉化，會讓孩子的思維完全不同。

•喪失學習樂趣

每個在課業壓力下長大的台灣孩子都知道，當學習只是為了拚成績，即使本身的知識再有意思，也會喪失以學習為樂的寶貴經驗。

二〇一七年，父親為法國廚神，而自己也是星級主廚的賽巴提恩．布拉斯（Sébastien Bras）公然表態，決定放棄自己的星等，也請廚藝界的最高榮譽——米其林指南，別再為他們評分了。

「即使我會因此不那麼有名氣，但我可以接受。」賽巴提恩豁達的說，因為這讓他的目標失焦了，原本對美食的追求，成了對名望的追求，也消蝕了他對料理的熱愛和樂趣。

米其林星等是至高的光榮，也可以是至深的黑暗。早在二〇〇三年，法國三星名廚貝爾納・魯瓦佐（Bernard Loiseau）因巨大的壓力舉槍自盡；他離世前曾說：「若失去一顆米其林星，我就會自殺！」對照我們所熟悉、台灣學生因學業壓力而輕生的行為，同樣令人心碎。

・無法欣賞、尊重多元

競爭的教育模式頌揚單一的標準，這種早已過時的齊頭主義，不知不覺中讓孩子對微小的分數差距錙銖必較，以為成功只有一種、冠軍只有一名，每個孩子都苦學一樣的東西、考一樣的考試、拚一樣的目標。

這背後也潛藏著一個信念，就是不相信多元的價值，無法欣賞每個孩子的多樣性。

在過度強調競爭力、極度同質化的評量標準下，將孩子機械化、罐頭化，成了標準化生產線下的一個產品。孩子因此失去了故事性、個人脈絡和獨具的特質。

未來教師的責任與角色

競爭導向的教育，讓我的成長過程蒙上一層至今仍無法散去的陰影。我不禁思考，有沒有一種可能，讓大家有機會一起贏？把餅做大，一起共好、共創？

強調競爭，讓每個人都灰頭土臉；強調合作，讓孩子彼此連結，也看見渺小的自我與周遭事物的關聯。

學習合作、分享，觸動了人性尊貴的一面；同理、關懷、付出、激勵，讓人活得更像人。

我很喜歡教育學者格特．畢思達（Gert Biesta）談「明日學校」中的概念，他說教育是協助孩子「活在這個世界中，而不是活在世界的中心。（Being in the world, without being in the centre of the world.）」

明日的世界不像一塊巨大的披薩，大家聲嘶力竭，相互殘殺，瓜分屬於自己的一塊；也許比較像是鄉村喜慶的辦桌，呼朋引伴邀請愈多人，愈能吃得津津有味。

然而，我們都知道合作很重要，但該怎麼教孩子、示範合作和共創的榜樣？身為陪伴他們的教育者，也許可以從這四點開始做起：

•欣賞孩子的不同

當老師開始欣賞每個孩子的不同，他們才會開始欣賞彼此的不同，也讓他們有機會成為不同。當百花齊放的不同在一處學習互動、對話、合作，必定能激盪出無比美麗的課堂風景。

•留心是否說出「合作的語言」

老師需對自己在孩子面前所說的言語相當具有意識感，我們說的是讓孩子可以合作的語言，還是分裂的語言？我們的言語讓人的心靠近，還是彼此遠離？當我們要說「怎麼連這個也不會」的時候，是否可以改成這麼說：「大家可以怎麼協助這位同學，讓我們一起更好！」

•從「我到我們」的課程設計

在課程設計時，老師總在我和我們之間擺渡。

過去的教育多數是「我」的課程：我學到了什麼？我進步了多少？未來的教育應該有更多「我們」的課程：我們一起創造了什麼？團體智慧又激盪出什麼？

少一點「我」，多一點「我們」，課堂將產生更多驚喜不斷的撞擊與火花。

•關注學生合作的樣貌

每次班上遇到合作的議題時，我總會當作第一優先，停下課堂上原本的事，陪大家聊聊心中的感受。

孩子心裡不愉快，學習起來也必定大打折扣。衝突、埋怨、互看不順眼在所難免，但我們可以讓孩子學習當個理性成熟的公民，抒發自己的感受、信任團體，找到共好的解決方案。

讓每個人成為更好的自己

當世界各地的創新教育都在談合作與帶得走的能力，我們的教育體制是否有跟上腳步，培育未來在等待的人才？

我們要教孩子什麼，讓他們得以存活、適應，甚至創造未來？

在本書中，我將分享這些年位於開放教育的第一線，和一群夥伴陪伴孩子學習自主、合作、關係處理的深度對話，這些無數次讓人椎心刺骨、深夜難眠的故事。

每回看著他們純澈的眼神、奔放的情緒、善感的心地，都在查驗我的人性，並隨著他們一同成長。

我期待能培養出這般看待世界、看待身旁人們的孩子：「因為有你，我可以更好；少了你，就少了一個可以協助我成長的對象。」

我相信，在這般對明日教育的想像中，我們可以細細陪伴彼此，成為更好的自己。

---

1 彼得思教育（PTS Education）以「分段式學習、主題式教學、社會化互動環境」三大主軸概念，打破傳統，將焦點從教師如何「教」，轉為強調學生如何「學」；亦即從學習者角度規劃課程與活動，了解每個學生的學習條件、需求、進度與興趣，針對其生涯發展與職場需求，設計出適合的教學主題與教材。具體操作方式如下：

- 超學科的主題課程：教師依學生程度及興趣，並聆聽家長的聲音，以親師生共創方式擬定適合的學習主題，依此進行課程規劃與活動設計。
- 學習時段取代單一課堂：師生依學習進度與教學段落，以學習時段概念取代四十分鐘的短課堂配置，並透過小組討論、報告、展演等方式進行，讓學習更具彈性。
- 學習評量採多元模式：以質性評量取代數字成績的評比。
- 鼓勵學生自主學習：教師為陪伴者，傾聽學生的聲音，並且分享自己的生命故事，師生透過對話來共同習得新知。
- 真實世界的應用：活動式專案可接軌社會，如就業導向的創業提案，學生以團隊完成任務，學習包括創業家精神、合作、接受多元文化及對話等軟實力。

第一輯

開啟合作起點

身為老師，
不就是該掀開陳舊的布幔，
看見幔子下
孩子最好的一面嗎？

這一天，讓我好好聽你說話

傳統課堂的景致我們都很熟悉。「嘴巴閉上」、「安靜下來」、「不要講話」……這幾句話在老師口中，可能排得進榜單前十名。

在課堂中：

只會有一個聲音——老師的聲音。

只會有一個正確的意見——老師的意見。

只會有一位英明的君主——老師。

寂靜的課堂風景

老師的話是聖諭、真理，是不容挑戰的存在。老師掌握了說話的時間，也掌握了力量。課堂中的權力懸殊，孩子只在一個情況下被允許說話：下課的時候。

於是，孩子的聲音被壓抑，苦尋不著出口。

在這樣的體制下，大人又莫名其妙期待孩子能一說話就不同凡響；或著輕易下結論，認為孩子不會說話，大概是不喜歡說話、沒有想法吧！

但，說話怎能一次到位？它不就和騎腳踏車、打籃球或任何事一樣，需要經過無數的練習嗎？

一開始說話總是稚嫩的，如果孩子一開口就被打槍、被審判，甚至連練習說話的機會都沒有，我們怎能奢望教育出會說話的孩子呢？

作家楊照曾分享自己女兒在德國求學的經驗，他在《別讓孩子繼續錯過生命這堂課》一書中，點出台灣孩子在課堂不說話的原因：

在台灣，有意見、發表意見被視為特殊表現，不是正常狀況，因而也就必然認定：特別的、優秀的意見才值得表達。

德國人沒有這種觀念。對他們來說，有意見，直接、誠實表達意見，才是正常的。每個人都應該有自己的看法，也都有權利表達自己的看法。

營造說話的課堂：一場另類的「期中考」

我相當幸運，來到一個鼓勵學生說話，甚至無所不用其極創造各種機會讓學生說話的學校。

一年級新生才入學兩個月的時間，開平餐飲學校就舉辦一場別樹一幟的「期中考」。

這個「期中考」沒有紙筆測驗，我們讓每個學生都成為簡報者，透過開口說話，展現為期兩個月的學習。

這一天，我們邀請所有家長前來見證孩子的成長，甚至打破老師為評量

學生的唯一準則，讓家長參與評量，也期待教育的三個關鍵角色：家長、老師、學生，可以一起相互共學。

我們讓家長好好聽孩子說話，看他們第一次穿上西裝，用簡報、戲劇、展台或海報為輔助，說出自己的成長與喜悅。

這段時間的課程主軸為「我與自己」，從自己的過去出發，摸索自己的生命經驗與家族故事脈絡；重新發現自己的現在；最後勾勒自己的未來，設定學習的目標，一步步達成。

孩子們各有自己的專屬角色，有負責主持的、控場的、舞台規劃的、導覽的、簡報的，短短六十分鐘，四十多位學生必須精心規劃節目，將所有的分享串聯成一段有內涵、有故事性的展覽。他們必須努力把話說好，有條理的說出修改了無數次的講稿。對於剛升上高一的孩子來說，這是個難能可貴的挑戰。

走廊上微弱的喊聲

活動前一天，學生整日反覆預演。夜間八點，我走上四樓走廊，看見一幕感人的畫面：組長正在訓練簡報音量過小的組員，把他們一個個叫到面前，要他們大聲說話。

組員從自我介紹開始練習，大聲說：「家長們大家好，我是XXX。」音量若不夠充足，組長立刻要他們重來。他們認真、全心投入的神情，讓我肅然起敬。

其中一個女孩庭庭，從小到大不曾在多人面前說過話，即使用力喊，在走廊上也僅有微弱的回音。她卯足力氣喊

出「大家好！」喘著氣，胸口跌宕起伏，臉色也因緊張而漲紅。

庭庭心裡有個念頭一直揮之不去：「我是班上的老鼠屎，是拖累小組的累贅。」站在舞台上，她心慌畏懼，雙手無所適從，不知道要擺在哪裡，一下子交叉蓋著肚子，像是肚子痛一樣；一下子搭在後方，像是聽到軍訓課教官稍息的指令。

身旁的同學握住她的手，陪她渡過上台的慌張。

大聲，好像不是件多麼大不了的事，對庭庭而言，卻至關重要。

在音樂轟鳴中才能背稿的男孩

另一位男孩小智內向、話少，面容表情僵滯，國中也缺乏站在台上的經驗。活動前一整週，他每天都在背講稿，但找不到方法，一句話總是會缺幾個字，像缺了牙的咧笑。只要旁邊有雜音或干擾，他就會立即分心，無法專注精神。

小智想了一個辦法：戴上頭戴式耳機，將音量開到最大，閉起眼，讓自己沉浸於音樂世界，專注練講稿。這一招，對他特別有效。

音樂將他與世界隔絕，讓講稿成了他的一部分，是他的呼吸、他的夢境，也是他深處必須面對的恐懼。

信心被擊潰的主持人

走廊的另一頭，是主持的孩子如如。從決定當主持人至今不過五天，每天都在修正稿子，到活動前夕已經是第七版了。經過了四次接力賽式的預演後，晚上九點，她癱軟在地上哭泣。

我問她：「是不是覺得自己做得不夠好？」她點點頭。

我再問：「是不是覺得一直被我否定？達不到我的標準？」她頓了一下，又點點頭。

我接著說：「為什麼覺得自己被否定呢？」她回答：「因為你一次又一次要我改稿。」

我心裡明白了，如如把「改稿」和「被否定」劃上等號。

我想了想，對她說：

當我說你有進步空間時，不代表我否定你。我們永遠都有進步空間，因為自覺完美將是學習的終點。你永遠都可以講得更豐富、主持得更好、將各個環節串聯得更通順。

我曾經和你說，我很欣賞你組織、思考的能力，這也是你能勝任的原因。另外，我會這樣要求你，是因為我知道你可以；可以再逼你一點，逼出你的潛力，讓你充分發揮。

你既然選擇擔任主持人，我就會用主持人的標準來要求，而不是用一般簡報者的標準來看。你可以更好，因為你值得更好。

然而，逼你也不是要推你下崖。當你無法喘息，壓力超越了渴求，也許可以緩口氣，給自己一點緩衝的時間。

全力一搏，一起讓父母驕傲

一次又一次，孩子為當日的展演賣命練習，這一天對他們來說好重要、好重要。

活動當天，家長來了，孩子有如步上戰場，穿上正式服裝，緊張得心跳飛快，嘴巴仍喃喃背著稿。

我看得出來，上台前，他們心裡混雜著新奇、驚喜與惶恐的複雜感受，像交織不同顏色的棉花糖。他們不再緊張了，爸爸媽媽們帶著微笑和期待，每位都和藹可親。此刻，孩子的內心反而有份決心：我不能讓他們失望！

努力的付出有了收穫，如如的接待像極了英式莊園管家，姿態大方、優雅，為活動開場；庭庭一開口就讓我眼眶紅了，她堅決的眼神、卯足全力的音量，讓坐最後一排的家長都聽得清清楚楚；而小智沒有漏掉任何一句話，雖然偶爾結巴，台風卻異常穩健，他的臉上散發著成就感。

閉幕時心不在焉的母親

活動閉幕時，學生主持人正在總結今日的活動，一位家長卻心不在焉的拿出手機，盯著剛剛拍下自己孩子在進行簡報時神采飛揚的影片。

影片裡的學生目光炯炯，媽媽也泛出驕傲的微笑，因為她從沒見過兒子身著西裝，如此專注在台上分享自己的學習。

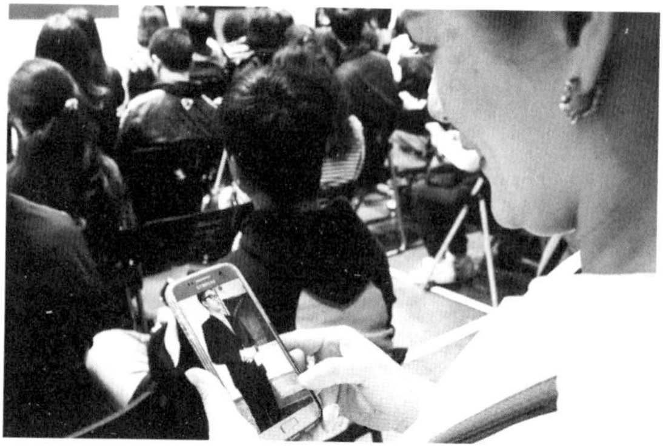

現在，就讓孩子學習好好說話

原來對孩子而言，要大聲說話，很難；要面對觀眾說話，很難；要說得有條理，很難；要說得順暢，很難；要說得靈活達意，更是無比艱難。

看著這群孩子，我的思緒回到國小六年級的自己。當時，老師唯一允許我們說話的場合只有在開班會時。然而，我們都心照不宣，當時的班會形同虛設，無法決定任何事情，只是一個形式上的會議。

有一回，班導安排我擔任班會主席，我空洞的帶領大家討論既有、制式的議題，安排著無關痛癢、無人關心的瑣事。

我想起了那個站在講台前，雙腳發軟、腦袋空白的自己，因為旁邊坐著監視著全班一舉一動、目光嚴厲的班導，只要我一出錯，就會遭他大聲斥喝，甚至落得遭賞巴掌的下場；我想起自己主持了一場形式性的班會，那種空虛和失落，與日後害怕在人群前說話的陰暗記憶。

當孩子在課堂中一說話，就有幾十雙眼睛盯著他，孩子害怕說錯、害怕被評斷，沒有自信，自然愈來愈顯得不會說話。

長大後，我花了無數時間練習說話，試著走出那段苦澀的經驗。現在回過頭來，發現關於說話的知識，幾乎沒有一點是在課堂中學會的。不會說話，是失能教育機器下的必然產物。會說話的才是異類。

然而，說話占了我們人生的大半，它與自我表達相連，更和自尊、自信、自我價值緊密相依。

我深信人類是愛說話的生物，我們渴望說話，而且，一說話還會說個沒完。只要老師能創造一個鼓勵說話的學習環境，以好奇、欣賞的姿態接受孩子的聲音，必能培養出更多樂意說話，並且能好好說話的孩子。

直探深處的冰山對話術

問話，可以是個柔軟的邀請，領著對方踏入佛洛伊德的房間，躺在宜人的沙發上，打開心門、源源不絕的述說；除了說出表層的事件外，也說出內在的情緒、動機、渴望和想像。

問話，也可以是根鋒利的戳針，像檢察官咄咄逼人的訊問，讓對方不由自主的闔上心門，產生對立、不信任，只想逃離現場。

好問句的力量

剛開始當老師時，我常在上課前十分鐘，慌張的東接一條線，西弄一個開關；投影機、筆電、喇叭、延長線的線材彷彿熱帶雨林叢生的藤蔓，纏繞得我窘態百出，學生則被晾在一旁，看著前方的實境秀。

幾個月後我終於學乖，把這令人手忙腳亂的工作交給班上的「能源股長」。我也逐漸養成一個古怪的脾氣，為了讓上課順暢，能源股長必須在課前完成準備，使課程在我踏入班上的剎那就能優雅開始。我很講究這些細瑣卻讓人神經緊繃的小事。

偏偏有一年的能源股長特別健忘，好幾次沒有在課前主動架設器材，即使提醒多次仍沒有改變。有一次，我終於忍無可忍。

那次在班上與他激烈的對話，至今讓我記憶猶新，也再次警惕自己身為老師所扮演角色的重要性那場。對話共歷經了三輪：

第一輪：針鋒相對

那天，能源股長又忘了架器材，我兩手抱著東西進班，再次上演叢林實境秀，正準備開始上課時，突然和他四眼相對，他卻一臉無所謂，悠哉的坐著。

「請問你到底在幹嘛？你以後可以不用拿了！」我氣忿的質問，不留一絲情面。

「好啊！」他仍是滿不在乎。

「你不拿的原因是什麼？」我繼續往前戳刺。

「沒有為什麼。」他的回話敵對，滿臉戒備。我腦中一個念頭閃過：「奇怪，平常的他並不是如此啊！」

「我對你說過幾次了？」我忽視閃過的雜念，加強戰火往前推進。

「三次，所以咧？」他也絲毫不退讓。

「這是什麼意思？」

「沒有什麼意思。」

「你給我立刻寫五百字，說明沒有來拿的原因，寫到你知道原因為止。」我氣到渾身發抖，只好祭出最終手段——老師的權威，逼他就範。

「好啊！」他大手狠狠從筆記本撕下一張紙，拿起紙筆埋頭猛寫。這時，我嗅到一股賭氣的味道。

第二輪：靜心對話

全班目睹烽火瀰漫的對話，噤聲不語。我看著大家，陡然深吸一口氣，安靜了幾秒，快速回想剛剛發生的事。

我是為了懲罰而懲罰，在全班面前給他下馬威，還是希望他能夠反思、有學習？

我是在滿足自己對權力的掌控，還是希望雙方相互理解，彼此都有成長？

一停下心裡的怒焰，我就曉得自己的做法錯了。這是兩個沒經過大腦的人憑本能彼此衝撞的結果。我重新調整自己的姿態，從一個殺紅眼的戰士，轉為探究來龍去脈的人類學家。

「孩子，先別寫了，我們再來一次好嗎？你……想繼續擔任這個角色嗎？」緩和下語氣，我的聲音轉為輕柔，試著探問他的初衷，回到他原本的**自我期待**①。

「……嗯，還想。」他頓了一頓，表情舒緩了。雖然只有短短三個字，但語氣相當篤定。

「那我很好奇，是什麼原因讓你想繼續挑戰這個角色呢？」我用讚許的眼神看著他，給他繼續說下去的力量。

「我想要為班上的人做點事。」他毫不考慮的說出口。

「那你可以告訴我，當我剛剛說『以後可以不用拿了』時，你的感受是什麼？」我深究**感受**②，觸碰情緒。

「我覺得很難過，也有點憤怒。」他露出一抹悲傷的神情。

「這樣的情緒，是從哪兒來的？是因為覺得自己被剝奪了權力嗎？」我不放過機會，繼續往下尋找情緒的線索。

「是的。」

「我再多問一點，是因為不想被我或其他人，認定自己是個不負責任的人嗎？」我問話觸碰到他深層的**自我**③，陪他重新思考「自己是誰」。

「是的。」

「但你也知道，自己做這件事始終沒有到位，這也是讓老師生氣的原因。所以，有時候你的行為很難讓人不將『不負責任』和『你』劃上等號。」柔軟後的說理，才有效果。

「我曉得。」他不好意思的點點頭，回復成原本我所認識那個可愛、純真的孩子。

「所以你還想繼續擔任能源股長嗎？你需要再一次機會嗎？」

「老師，我需要。請再給我一次機會。」他大力點頭。被認同之後，他內在的**渴望**④被滿足，自信心就恢復了。

「好，那以後還是請你繼續幫忙。」

「謝謝老師。那……我還需要寫那五百字嗎？」放鬆之後，頑皮的本性就顯現出來了。

「不用寫了！」我無奈的說。全班轟然大笑。

第三輪：課後餘波

那堂下課，他跑到我的身邊，說：「老師，對不起，因為家裡發生一些事，導致我心情不好，才這樣和你說話。」

「我有發現喔，所以後來才會轉變方式，靜下來和你對話。」

「你怎麼會發現？」他一臉驚訝。

「你就大剌剌擺出一張臭臉，這麼明顯的事，誰不會發現啊？」

胖胖的大男孩笑了，露出害羞的神情。

這次對話之後，他果然履行承諾，再也沒有錯失職責。

冰山的隱喻

事後，這段對話在我生活中不斷浮現，提醒我，若不是當下懸崖勒馬，我不可能理解事件背後的隱情，也許就從此失去了一個學生、甚至整個班級的信任。

家族治療大師薩提爾（Virginia Satir）以冰山做為人際互動的隱喻[1]，海平面上的一角是外顯的事件，而海平面下冰山的大部分，才是人內心的小劇場，依序藏著人深處的心理狀態：感受、觀點、期待、渴望和自我。[2]

在與這位孩子的第一輪對話中，我被事件的表象綁架，對話就像乒乓球一來一往，跳脫不出海面上的冰山一角，完全無法觸碰到深處的內核。

直到我大夢初醒，意識到身為老師的角色，才展開第二輪對話。我試著讓孩子回到他自己，在自我認同的森林中層層引導他：

① **自我期待：**先讓他找回自己起初爭取這個角色的榮譽心，是要「為班上的人做點事」。

② **感受：**陪伴他看見自己情緒背後的原因，是被「剝奪了權力」。

③ **自我：**讓他重新思考自己想成為怎樣的人，是做「負責任的人」。

④ **渴望：**身而為人，都希望被接納與認同，這是所有人皆須被滿足的需求，他渴望「再有一次機會」。

改變對話方式，重寫腦內迴路，才能真實扭轉海面上的冰山一角，啟動自發的行為變化。而身為老師，不就是該掀開陳舊的布幔，看見幔子下孩子最好的一面嗎？

透過提高對話的品質，孩子因此能釐清、發現自我，提升自我認同，一次次踏著「我是誰？」「我的價值在哪裡？」「我渴望完成什麼？」的階梯拾級而上，最終發展出屬於自己內在的聲音，在這廣闊的世界中不卑不亢的站立。

1 可閱讀李崇建老師在親子天下出版的《薩提爾的對話練習》，書中有詳盡說明與案例分享。

2 薩提爾冰山的隱喻與神經語言程式學（Neuro Linguistic Programming）六個邏輯理解層次（Logical Levels）的許多觀念不謀而合。在開平餐飲學校中，所有老師都需要培養這種對話、問話的能力，以好奇的角度深度理解孩子內在的聲音。

釐清內在動力，與目標共舞

在傳統學習環境長大的孩子，對「目標」這兩個字相當陌生。

孩子的目標被制約了，每週一小考，每月一大考，再加上期中、期末等毀天滅地的考試，行事曆上測驗的頻率，簡直比二戰時倫敦大轟炸的密集度還高。

在這樣密密麻麻的行事曆中，孩子能為自己訂出什麼樣的目標呢？他們有什麼機會，能在考試的汪洋中浮上水面呼吸，再行有餘力的與自我對話，尋索自己的動力，找著自己的目標呢？

大多數的老師陪著孩子面對考試，卻少有人陪著他們訂定目標；我們的教育期待培養出獨立、自主的孩子，我們的行為卻恰恰背離了這份期待。

也許，是因為讓孩子訂目標這件事，挑戰了既定的信念價值。對許多人來說，老師該決定教室內的一切行程與規劃。

然而，若我們真心想讓孩子獨立，隨之而來的第一步，該是信任、給予空間，允許他們為自己的學習設定量身訂做的目標，並規劃時間逐步完成。

在彼得思教育中，讓所有的課程回到學生自身是至關重要的。在課程開始前，老師該讓孩子清楚：「這堂課和我的關聯？」「為什麼我要做這件事？」「我這個階段的目標是什麼？」

讓自己的目標「增值」

有一次，班上兩位很有能力的學生，在期末活動中選了攝影記錄組，這是在活動中容易被歸類成輕鬆、好混的組別。

即使一開始有為自己設定目標，但在分組執行任務時，我看到他們一個趴在桌上睡覺，一個在滑手機放空，百般無聊。

我走近他們身旁，好奇問：「你們的任務是什麼？」

他們一陣心虛，小聲回答：「我們已經拍了每組狀況，做完組長給我們的事了。」

我收起臉上的笑容，嚴肅的說：「如果你們的工作只是一堂課拍幾張照片，我不如讓每組各有一人拍自己組別的照片，何必需要你們呢？」

接著我對他們說：

這是你們對自己的期待嗎？在這次活動中，你們想學習的是什麼？當別人沒有交付給你們工作，你們的反應是什麼？

每一個行為都是一連串選擇的結果：選擇了攝影記錄組↓選擇完成最基本的任務↓選擇讓自己沒事做↓選擇睡覺。

如果沒有被交付其他的工作，那可不可以讓你們所做的事「增值」，創造自己的價值？有沒有想過，在攝影記錄組可以學到什麼？

如果想學的是拍照技巧，我會建議你們去查資料，學習拍照的構圖、角度、光線，然後每天看自己有否進步，拍出與其他同學不一樣的照片。如果想學的是敘事技巧，我會建議你們練習將班上這兩週的合作畫面，拍成一個紀錄短片，並用字幕、旁白來引導觀者進入你們的敘事邏輯。如果想學的是布展技巧，我會建議你們找找攝影展的靈感，在班級規劃一個區塊呈現你們的照片，並用好的文案解釋你們的照片故事。無論是哪一個，都會比現在好，也不會對不起自己在這裡的學習。

這段話勾起兩人的動力，聰明的他們快速反應，查詢了國內外攝影展的展場照片，總算來得及在活動時融入一場迷你的攝影展，以此展現他們合作的歷程。

孩子畢竟是孩子，訂了目標後，老師可以陪伴、詢問、檢核，讓這個目標更貼近他們的能力峰值一些，這也是老師的專業與價值。

我的原則是期待學生訂下超過自己能力多一點，又不致無法達到的目標。目標設得太高，只會不斷打槍自己，挫敗已經萎縮的信心；超過自己能力多一點，讓孩子覺得有挑戰性，但又不致無法達到，那是一腳在舒適圈內，一腳在圈外的美好平衡。

目標，是爭取來的

訂定目標已經不容易了，要堅持並完成自己的目標更是艱難；這對孩子來說，需要極大的決心。

「在這所學校裡學不到什麼，我一點也不開心！」晚上八點，竹竹盤腿坐在四樓陰暗的走廊，感應燈忽明忽滅，彷彿呼應了她內心的迷惘。

她這句話好像是法官的最後判決，意味著神聖的真理，不能搖撼。

因為一次的合作失敗，原本的好姐妹最後互不相認，形同仇家，她也被對方背後中傷，無論走到哪裡都抬不起頭來。

「你在這所學校的目標是什麼？當初讓你充滿熱情與動力的又是什

麼？」我好奇的探問。

「我想當個領導者，想學習說話和帶領，做個有影響力的人。但我遇到的只有挫折和受傷。」她毫不猶豫、憤恨的說。

我被她的哀傷感染，緩緩說出自己的內心話：

我懂，短短半年多的時間，你經歷了接二連三的重擊。用你的話說，是「人生最不快樂的階段」。

然而，如果沒有這個地方，什麼時候你的玻璃心，脆弱的忍耐度才會被揭露呢？揭露是血淋淋、殘酷又羞辱的。但這也是一種還原，還原成你本來的模樣。現在只剩下一個問題，你願意面對嗎？還是要繼續埋怨，哀嘆自己的命運？

面對所有的不順利，你絕對有理由生氣，但你有沒有能力不生氣？你絕對有理由抱怨，但你有沒有能力不抱怨？你絕對有理由放棄，但你願不願意繼續堅持？

在哪個地方，你才有機會「學到」成長的苦澀呢？「學到」社會中赤裸裸的黑暗面呢？在哪個地方，你學得到「生命」這件事呢？你什麼時候才要長大？對你而言，開心真的那麼重要嗎？

竹竹沒有聽懂我的問題，她已經被滿載的情緒占滿，沒有空間聽我的話。「也許這孩子還沒準備好。」我心想。所以我沒有繼續說下去，只是微笑看著她。

當下我受她情緒的影響，無法整理自己的思緒，過了一個月，她休學了，我才理出那時想對她說的話：

有一種開心，是生活中總是發生美好的事情，歡笑圍繞，每天都有小確幸，甚至有小鳥的歌聲在後方伴鳴，無憂無慮，無拘無束，事事都照著你的想望。但這樣的開心，可能僅存於童話世界或某些電影裡。

另一種開心，是經過困頓、覺悟、省思後的開心，讓你內心永遠有多元的聲音交錯拉扯。疲憊感、無力感是生活的常態，「心好累」是每日固定的戲碼。但因為你有目標，你知道必須經過熬煉，知道自己能更好、更強，因此你仍在前進。

登上山嶺的成就感，哪怕只有一瞬間，卻戰勝了沿途的苦悶。這就是目標的價值。它不是廉價的仿冒品，它必須爭取而來。

如同海明威所說：「你會覺得痛，但會愛上這種感覺。你也可能被擊垮，卻仍死心塌地愛著這一切。聽起來難以置信的美好，不是嗎？」

下定決心，培育獨立、自主、負責的孩子

總有一天，孩子會離開學校，開始為人生訂目標，為自己的生命負責。而大人什麼時候要讓他們開始學這事？

也許第一步，可以從「給出空間」開始。給出空間，就是信任；給出空間，就是放手。

在執行目標的過程，孩子一定會面對困難，而老師可以有的態度是：「我不會主動幫你解決問題，你該努力解決自己的問題；但若你沒成功，我隨時在這裡陪你，只要你求助，我一定會幫助你。」

老師的存在，不再是提供正確答案的扭蛋機，而是讓學生自我思考、找到解決問題、實現目標的助推器。走到這一步，孩子才有獨立、自主、負責的可能。

找到意義感，脫離「為做而做」

在課堂中，許多老師都害怕遇見的其中一個夢魘，很可能是孩子的「為做而做」。

當學生找不到目標時，對老師進行的課程不置可否，也不清楚自己的目的，因而導致空洞的眼神、委靡的動力、無所謂的態度和機械式的重複動作。即使他們完成了該做的作業、任務或報告，卻不知道為誰而戰、為何而戰。這絕對是教育中的惡性腫瘤，讓老師陷入絕望漩渦。

沒有目標，做什麼事都提不起勁；有目標，做一樣的事，卻有完全不同的感受。

當你說「沒有意義」的時候

一天午休，我走到常在上課時睡覺的小豐座位旁，他仍睡眼惺忪。我問他總是一上課就趴下大睡的原因，他懶懶的回：「這一切都很沒意義。」

我曉得小豐因為家中狀況，被迫降轉來到這所學校，這讓他長時間處於憤恨不平的情緒中；但我仍直白對他說：「親愛的孩子，當你說沒有意義時，代表你選擇讓自己停留在淺層的思考。你說『這很沒意義』，指的是你的意義，還是我的意義？」

他頓時一怔，開始認真聽我說話，於是我接著說：

當你隨口說出「沒有意義」時，就代表你局限自己，關閉了對話的可能，在你與他人之間豎立一座隱形的牆。

意義從來都不是理所當然的存在；意義必須被賦予、被咀嚼、被創造。

意義是主觀的，一個人的意義不代表另一個人的。我覺得有意義的事，你不見得會認同。但即使不認同，也不代表那件事就沒意義；不認同不代表你可以用蔑視的態度對待他人的價值觀。

所以，有沒有可能暫時停下自己反射性的思維，讓思考向下潛，往深處去。花個兩分鐘發酵，想想別人的想法、感受，客觀衡量這件事的價值，再決定如何回應。

你可以大手一揮，說這些都沒意義，但那等於拒絕了生活中的一些可能性，活在一個非黑即白的世界。

小豐這時完全醒了，有點被我的氣勢震懾住；他想了想，承諾我會開始認真過學校生活。隨後的半年雖然仍有起伏，但我看見他逐漸找到生活的重心與價值。

找到意義感——從「老師的課程」轉換成「學生的學習」

二〇一八年暑假，政大實驗教育推動中心邀請荷蘭的兩位耶拿教育（Jenaplan）[1]重量級人物來台，舉辦為期兩週的師資培訓。

耶拿教育是在歐洲已流傳百年的一支創新教育法，創辦人彼得．彼得森（Peter Petersen）從「成為一個完整的人的條件是什麼？」這個問題開始思索，展開他的教育革命。彼得森所建立的耶拿教育尊重生命原貌，以學生為主體，讓學生按照自己的步伐，出發探索奧祕的自我和迷人的世界，至終培養出能解決問題、獨立思考的孩子。

第一天培訓一早，我走進圓環形的國際會議廳時，講師亞普．邁雅（Jaap Meijer）的裝扮就令我目光為之一亮。亞普頂著一頭貝多芬式的花白短髮，穿著六分工作褲，扎著短袖格紋襯衫，腳穿黝黑沉重的登山靴；目光深沉、和藹，隱隱散發著的童心與活力。

亞普認為，老師永遠該解釋在課堂中做的每一件事，讓孩子知道學習背後的涵義，甚至要先解釋給自己聽。學生不該為做而做，他們得清楚這個主題、作業或任務的用意，並覺得老師所做的是對他們有幫助的「好事」。一旦孩子知道意義，就會對學習感興趣，產生動力，也會從「老師的課程」轉換成「自己的學習」。

亞普解釋了目標的重要性：

每個孩子都是想成功的，因此我們要陪伴孩子建立成功的經驗，也該負起協助孩子完成目標的責任。不要讓孩子踮起腳尖，急迫、拚命的達到目標，而是從容、快樂的走到目標。

若孩子未完成任務，我們要找到背後的原因。有時候是目標太大、不切實際，所以要教孩子訂一個「現實」的計畫，讓他們有效運用時間。在這個過程中，老師也有備案，如果學生未達成目標，就該出手引導。

重點是讓孩子清楚訂目標的目的，是學習為自己的決定負責；學習負責才是訂目標的核心精神！

深度挖掘意義，讓目標更有重量

對我來說，目標與意義是相互輝映的孿生兄弟。目標，是遠處飄揚的一面旗幟；意義，是驅動引擎直奔的燃料。當意義感產生出來，訂目標才顯得扎實；失去意義的目標，只顯得空洞而沒有核心。

意義感和目標的關聯性，可用三個中世紀石匠的小故事來比喻。他們的目標都是要蓋當時歐洲最宏偉的教堂。

第一個石匠這麼想：「我要把石頭切得平平整整，蓋出一座不會倒的建築物，這樣我就賺飽了錢，永遠不愁吃穿。」

第二個石匠心想：「當我將這座教堂蓋成了，就能養活我那嗷嗷待哺的大家庭，家裡的老人家也可安享天年。」

第三個石匠堅信：「透過我的努力所建成的大教堂，將指引歐洲人民希望，讓萬民前來朝聖；即使在我死後，它也將永遠矗立。」

三者目標一致，但各自賦予的意義卻南轅北轍，高度與價值更是迥異。

陪伴孩子訂目標，先從意義談起

在陪伴孩子訂定自我目標時，我有時會使用SMART原則，有時會使用心智圖發想工具。但在這些技術性操作之前，我通常都會先回到「意義」，因為要釐清孩子的目標，比想像還艱難，不是套用某種操作守則或遵循一套SOP就能完成。

若繞過意義，直接讓孩子訂目標，常見的經驗是「無力感」，因為沒有標準答案，沒有可以拉著的繩索，只能自己在荒蕪中開闢路徑。

要會訂目標，先要清楚自己意義感的來源。一次的課堂中，我和孩子分享了有「長跑之王」之稱的英國運動員法拉（Mo Farah）的故事。

出生於索馬利亞的法拉，一生境遇坎坷，經歷了骨肉分離、離鄉背井、國籍轉變等艱辛歷程。即使無法見到家人，他知道所做的一切，可以讓自己的祖國、民族和家人驕傲，他說：「總有一天，我的孩子會讚嘆不已，然後說：『爸爸最棒了！』」這是他內在的意義感，驅動他穿越千山萬嶺，促使他訂定目標，締造傳奇，讓一切的苦難都值得。分享完，我輕聲問孩子[2]：

「你在做哪些事的時候，會讓自己很開心？」

「做什麼事會讓你格外有成就感？為什麼？」

「你在做什麼事的時候，特別投入、忘我？」

「過去一年來，你做過哪一件很有意義的事？」

「人們都說『自我實現』很重要，對你而言，自我實現代表了什麼？」

「如果每天叫醒你的不是鬧鐘，而是夢想，那這個夢想是什麼？」

給他們一點時間思索，孩子會從這些問題中，緩緩發現自己意義感的來源……有時候，是結合自己熱中與擅長的，並忘我投入；有時候，是找到自己獨具優勢的方式，給予團隊力量；有時候，是藉由幫助他人，帶給自己難以取代的滿足感；有時候，是即使有所犧牲，仍然繼續堅持，找到背後的價值。然後，由這些意義發展出大目標，再拆解成階段性的中、小目標。

問句本身就是很有力量的工具，當人因找不到答案而失去動力時，往往是問題的方向錯了。

身為教師，可以透過一個又一個好問句，輕推著孩子向內探尋，讓他們從不同觀點看見自己的狀況，重新釐清、反思，挖掘內在意義感的寶藏。

當孩子偶爾迷失了，請試著微笑注視著他，詢問他內在的情感與原因，而不是停留在表象。問他真正在意的是什麼？這件事對他的意義是什麼？

很多時候，他就能重新調整步伐，找到往前的力量。

1 **耶拿教育（Jenaplan）**

耶拿教育是德國教育家彼得．彼得森於一九二四年於德國耶拿大學擔任教授期間，在所管理的耶拿附屬學校中大膽進行的改革計畫，也是對當時（甚至現今）教育環境的另類教學法，因此也稱為耶拿計畫。

耶拿教育其實在歐洲部分地區已綿延風行了近百年，最盛行的國家在發源地德國，即彼得．彼得森創辦之地。荷蘭位居第二，整個國家共有一七六所耶拿學校。

耶拿教育由四大支柱——說話（talk）、工作（work）、遊戲（play）、分享（celebrate）組成，四者交替、穿梭在孩子的學習中，讓上學成了生活的延伸。對耶拿教育來說，孩子的學習應該是開心、快樂的。

耶拿教育的四大支柱：

1. **說話（talk）**：耶拿教育鼓勵孩子說話，無論座位的安排、課程的設計、教師的策略等，都讓孩子能好好說話。說話是認識世界、建立關係、反思自我、形塑知識的重要元素。
2. **工作（work）**：所謂的「工作」，指的是讓孩子設計、規劃自己的學習進度，並照著目標完成任務。除了少數獨立作業的工作外，大多數的工作都是在團體中完成。
3. **遊戲（play）**：遊戲是孩子少數會主動去做的事之一，也是孩子最初探索世界的方式。透過遊戲，孩子可以學習到許多和人的互動，也是吸收知識最快的一種方式。
4. **分享（celebrate）**：celebrate 不僅指「歡慶」，更是共同分享。在耶拿教育中，分享不會單獨存在，而是和前述三者交融，是分享情感、工作的場合，共同享受學習的成果。因此，分享也是個整合學習的活動，在每個耶拿教育的課程中，都會以分享活動做為總結。

2 這幾個問句，出自彼得思創新教育中心團隊於二〇一八年所設計的生涯探索桌遊「今天？了沒」。

「玩」出合作力

就我記憶所及，玩和學習這兩件事似乎是矛盾、衝突的兩個極端。只要和學習有關的，就不好玩；只要和玩有關的，就沒有學習。學習是痛苦的、沉悶的、無趣的，像連續嚼了一個小時的口香糖，索然無味。而玩是不正經的、打發時間的、放縱的，像含在口中不安分的跳跳糖，狂野且轉瞬即逝。

這種刻板印象，默然形塑我的價值觀，即使在開放教育中當老師，有時也解不開腦袋裡潛藏的枷鎖。

玩，是全世界通用的語言

然而，在大兒子笛兒出生後，我開始見識到玩的威力。玩讓他的學習突飛猛進，不管是打球、學說話、數數字、疊積木、扮家家酒和交朋友，笛兒可以用玩搞定一切。

從早上一張開眼睛，到累翻了闔眼休息，在兩個閉眼之間的每分每秒，笛兒幾乎都在玩——精力旺盛、全人投入的玩，就算沒在玩，他小小的腦袋也在思考要怎麼玩。

玩，是孩子生存的驅力，是他們全部注意力與生活的核心。玩，是孩子和世界互動的方式。玩本身就是一個強大的介面，讓孩子從含糊的說「媽媽、爸爸」，到手舞足蹈的唱「一閃，一閃，亮晶晶」，讓孩子練習生氣、大笑和哭鬧，讓孩子建構美感經驗、生活常規與人我界線。

而且，玩也是最快觀察孩子真實自我的方式；在遊戲中，孩子藏不住他原有的個性。

在彼得思教育中，玩是不可或缺的一環。玩看起來混亂、沒有規律，其實隱含了老莊思想「無為而治」的智慧，亂中有序，亂有道理。透過摸索、做中學、實驗精神，孩子們建構起屬於自己的規律。

彼得思的教師常一起腦力激盪，透過融入「玩」的元素活化課程，讓孩子喜歡來學校，讓學習本身就是樂趣的來源。這幾年下來，我發現「玩」至少能帶給學習八個不一樣的可能性：

一、體驗真實世界

開學第一天，我讓學生閱讀一本談到如何合作的繪本故事《聆聽火山的聲音》，只是分享的方式很不尋常，我用抽籤決定他們的展演方式。

這些籤中包含了默劇、音樂劇、偶劇、新聞報導、舞台劇……稀奇古怪的戲劇形式，許多孩子抽到時臉都綠了，心裡暗想：「老師竟無所不用其極的整我們。」

雖然如此，他們還是玩得不亦樂乎。孩子們自己編寫劇本、排戲、順歌詞，讓一本無生命的繪本活了起來，他們的創意千奇百怪，讓課堂充滿歡樂與驚奇！

在進入某段歷史知識時，我也常讓孩子編故事、寫劇本。在角色扮演的同時，他們會從生活中提取元素融入，逐步探索、擴充文本，讓故事有不同的詮釋與發展。

遊戲（包含戲劇）能重現生活，建構對世界的理解，並體驗真實世界。

二、以語言之外的方式引發互動

語言不是人們唯一的互動方式，「玩」提供了在語言之外互動的可能性。透過肢體動作、表情，我們用另一種方式了解別人，也讓別人了解我們。

二〇一八年暑假，我在政大的教師研習遇到荷蘭耶拿教育協會的負責人

孩子們運用創意，用默劇演出繪本《聆聽火山的聲音》。

亞普，他讓我見識了玩可以如何引發人們互動。

每天上課時，亞普都會用遊戲開場。到了研習的最後幾天，他索性脫下靴子，穿上涼鞋。玩起遊戲時，還赤腳和大家在整個教室裡奔跑。亞普說：

多年前我在第一線教學時，每天都會和孩子唱歌，我們甚至編了曲子，每天也會朗誦詩。我和孩子一起唱歌、一起遊玩，這對課堂的氣氛很好，不然，課堂上就只剩下工作。

我也很喜歡跳舞，我曾是個舞者，以往每天上課也都會帶著孩子跳舞，用不同的方式和孩子互動，也在這些互動中，看見孩子不同的面向。

在亞普臉上找得到各種表情，像孩子一樣自然、生動。他說，身為教師要有感知力，隨時觀察孩子的現狀，若孩子已經露出疲憊的神情，就要創造出一個遊戲讓大家活過來。

三、瓦解嚴肅、正經的場合

長大之後，我們都忘了該怎麼玩。

開平餐飲學校每年的校慶都讓整個年級的學生一起合作，撰寫當年的企劃，舉辦孩子想創造的慶典。在正式舉辦前，學生會在全校教職員聚集的場合做簡報，通過了才能實施。

有一年，近百位老師在會議室坐好了，靜待孩子們的簡報，氣氛一片緊張，但當門打開、孩子們走進來的剎那，幾乎所有老師都忍不住笑出聲。

那年的校慶主題是「奇幻馬戲，夢想開平」，十多位孩子穿著繽紛馬戲團主題的服裝進場，每個人都露出大大的笑容。他們的粉墨登場好像一把巨大的斧頭，搗碎冰封的尷尬場面，瞬間消融人與人之間的冰冷界線，校長、主任和老師全都被節慶愉悅的氛圍感染。

孩子在嚴謹裡加入趣味，認真中不乏玩心，為那年校慶注入熱情和活力，如今我想起來都會發笑。

預告校慶的到來..

四、凝聚團隊共識，火焰般的渲染力

有一次，班級因一個孩子臨時轉學，氣氛低迷了幾週，直到有幾個孩子下課來找我，神祕的問下午可否借他們半節課的時間。

我才晚五分鐘進班，就看見領頭的小維帶大家彼此搭肩、轉圈；聽著他們一起呼喊著打氣的口號，我的心思忽地陷入一陣恍惚，好像參與了一場古老部落的儀式，團體的心靈被潔淨、洗滌，再次找到重新出發的理由。

接著，我拾起吉他，和班上學生唱起蘇打綠的〈當我們一起走過〉，眾人的聲音響遍整個樓層，當唱到幾個段落時，特別感受到一股熱能在團體間流動，好多人的眼中都含著淚：

當我們一起走過 這些傷痛的時候
包著碎裂的心 繼續下一個夢……
有多少苦痛有你和我一起度過 一起承受
有多少快樂有你和我一起享受 一起感動

那次之後，雖然大家沒特別說什麼，但班級的團體動力明顯改變，有如迷失的浪人找回初心。

五、打破框架，激發想像力

玩，可以自然打破現實框架，如同藝術的功能，啟發孩子的創意能量。

玩是華德福教育中不可或缺的元素。走進宜蘭著名的慈心華德福幼兒園教室中，會發現有很多讓孩子玩的原始素材，例如基本形狀的木塊、羊毛氈等。華德福教育相信，看似愈貧乏的素材，愈能激發孩子創造出更多玩的可能性。

當大人給出簡單、原形的東西時，孩子就有更多空間定義、創造。比方說，若給了現成的飛機模型，孩子的玩法就脫不開既有框架，有的孩子就會把玩具摔壞、解構它，讓它可以重新被賦予意義。

為了讓準備去一年校外實習的學生分享內心感受，我在課堂中進行了一個「OH～框架外的世界！」課程。

首先，每個孩子們都抽一張「ＯＨ卡」，並將卡片放在Ａ４紙的任何一個位置，然後用色鉛筆畫出這張卡片的延伸。

我和孩子說，延伸出去的圖代表自己的內心世界，他們可以畫出這一年自己想學的、恐懼的、期待的、具象或非具象的事物。最後，我讓每個人談論自己圖片的意境，說出積壓在心中未來一年的期待與哀愁。

六、不怕錯中學，一關關闖出成就感

在彼得思教育中，孩子們的學習就像一個個階段性交疊、環環相扣的模組，讓學習就像過關打怪、破解任務般富含成就感。

我發現當孩子覺得自己在玩的時候，比較不怕犯錯，也更勇於爭取、嘗試，跨出自己的舒適圈，探索未接觸過的領域。

從一年級小組、班級性的活動，二年級跨班、全年級的專案，到三年級全校、社會實踐的課程，規模與難度一層一層擴展，學生由簡單到複雜，累積自我成就感，也為孩子搭起台階，走上自己的舞台。

孩子們將抽到的「OH 卡」放在 A4 紙的一處，再用色鉛筆畫出卡片的延伸，填滿紙張。

七、建立合作默契

在正式進入一學期的課程任務前，我常喜歡以刺激的「棉花糖挑戰」來開啟合作的課題，並觀察各組互動的模式。

不同組別的學生必須在二十分鐘內，以有限的義大利麵、紙膠帶和一顆棉花糖，搭建出最高又不會倒的結構體。

活動進行時，每組都各有自己的合作方式：

- 有的組一開始就呈現半放棄狀態，時間過了一半卻突然覺醒，短時間內拚出一番作為。
- 有的組一開始點子滿天飛，但缺乏好的彙整，最後來不及整併，以致時間到了只蓋到一半。
- 有的組穩紮穩打，運用過去的經驗聯想到適當的建築藍圖，十五分鐘就蓋好了架構，立於不敗之地。
- 有的組沒有事先想清楚，大家湊合了意見的大致樣貌，邊做、邊想、邊學、邊微調，也有不錯的成績。

- 有的組意志堅定，即使時間到了，也想出許多有作弊嫌疑的怪招來撐住建築，並在評分後繼續施工，不為成績而戰，展現不屈不撓的精神。

最後，我也讓每組分享自己對合作的體會。看見不同的團隊，我預想到未來一個多月大家合作的情況，也暗暗發笑，期待他們透過遊戲看出一些合作的端倪，並用自己的步伐和姿態，走出自己合作的路。

八、整理團體智慧

與上一個期初合作前相呼應的，是在期末合作後的玩。孩子們經過一個學期頻繁的互動後，對彼此和團體都產生不少的情緒，無論是開心的、難過的、憤怒的、感恩的，在活動進行時緊湊的當下，很難在群體中有機會對話。因此，我常在學期的末了，讓他們用玩的方式，統整並分享合作過程中的喜怒哀樂。

有一年，在學生辦完複雜度相當高的校慶後，我帶兩百多個孩子玩了一個「連結」的遊戲。一般情況下，大多數的資源都是有限的，給出去之後，手裡就變少。但在這個活動中不是這樣。

學生每人手拿一段一公尺的尼龍線，在一端打結，用十分鐘，找至少三種對象，分享在校慶合作至今的感受。這三種對象是：想感謝的對象、從對方身上學到事情的人、合作中曾有不開心經驗的人。分享的人愈多，手中的資源愈多；愈多連結，生命愈顯豐富。

當你願意跨出一步，找到人分享，然後撕下一條線和他綁在一起，你不會因此而減少資源，仍然擁有自己的那段，更多了對方的一段。然後手握線頭，找下一個人繼續分享、繼續連結。十分鐘後，我請所有人舉起手來，這是個由兩百多人交織成彩色人際網絡的驚人畫面。因為分享，我們變得強大；因為分享，我們更有力量。因為，你們就是我的力量。

在玩的時候，每個孩子各有自己的體驗，也自然內化成學習經驗；當每個人的經驗被放在團體中，就成了團體智慧的呈現。

讓玩成為生活的延伸

玩，是極為強效的學習模式。它自然、輕鬆，不著痕跡的讓孩子運用學到的知識。到最後已不需刻意去「玩」一個遊戲，因為玩已融入課程，而不是為了激發學習動機的附屬品或策略。

因此，「玩」成了學習應有的心態，是生活的延伸、自我療癒、自我對話的內在力量。

在玩樂中，我們學習怎麼吵架、怎麼說話、怎麼生活、怎麼成長；在玩耍中，我們建立屬於自己的規則，也逐漸認識這個世界的規則。

或許，玩沒那麼深奧，單純創造一個開心的校園經驗，讓孩子更快樂、更有活力、更喜歡上學、更熱愛學習，就是一件教育的翻轉壯舉。畢竟，若開心不起來，學習還有什麼樂趣？

第二輯

創造合作連結

我們都需他人眼光的校正，
但也都在尋找自己的聲音。
於是，我們永遠在這兩個矛盾間掙扎：
一面怕太任性做自己，漏聽他人的聲音；
一面怕太少活出自己，漏聽自己的聲音。

別再「訂班規」了

每當新生來到全新的班級時，除了選幹部外，我都會先讓學生訂班規。聽起來平凡又了無新意，不是嗎？想到訂班規，飄入你腦海的想法是什麼？

- 一個不是特別想做，卻又必須完成，在待辦清單上等待劃掉的一件事。
- 一個開始時會有人注意，之後隨著時間推移而失去意義的規定。
- 一紙毫無約束力，空泛又不具體的幾條事項。
- 一段最後不論怎麼訂，到頭來都還是老師決定的虛應故事。
- 一個用來束縛學生的手段，讓學生處處受限的枷鎖。

所以，我不是和孩子說要「訂班規」，而是說要「訂團隊誓約」。因為「規定」是消極的，是限制、要求和約束；而「誓約」是積極的，是挑戰、期待與目標。

從字面來看，光是「訂班規」這三個字，就是站在「不信任」的立足點。我們不該僅是討論班級的規定或法律，那只是最低的要求；我們更該訂的，是對所處群體的期許，是最美善願景的實現，是我們不一定能達到，卻共同渴慕的方向。

「誓」，是願意承諾的真誠；「約」，是彼此共同的認可。團隊誓約，是團體經討論後的使命，人們因此有明確的焦點，也能激發團體達成該目的。我對孩子說：

從這一天起，你們要開始密切相處，在各個課堂中與不同人多面向的合作，如果沒有共識和共同嚮往的團隊圖像，你們要如何相處、合作，並一起向前走？

因此在合作前，團體需有共同的目標與使命。形塑團隊樣貌之後，才有可能朝著目標前進。

形塑團隊誓約三階段

根據後現代社會建構主義論的代表學者肯尼斯·格根（Kenneth J. Gergen）所提出，一個團體的形塑，不該由一位權威者提出「絕對真理」，而是解構舊有的知識框架，讓多元化的聲音被聽見，一同重新建構出共同且屬於此團體的「真理」[1]。

簡單來說，就是讓團體的共識透過「建構↓解構↓再建構」的過程，漸漸浮現出來。

一、建構：團體約定交還團體決定

在過往，班規常是由老師主導，帶著學生輕描淡寫理出了幾個空渺的規定，有時甚至為了節省時間，直接由老師訂定了事。

但在我的課堂裡，我會明白的對孩子說，這不是「我的」班級，請環顧你的同學，他們才是和你在班上最密切生活的人。因此，既是自己的班級，就該自己打造團隊誓約。

對大部分的孩子來說，這是他們的第一次。第一次擁有老師的信任，可以決定自己是誰，選擇自己要成為什麼，並規劃所處的團隊要往哪裡去。

當孩子意識到自己手握的權力後，十多歲的他們忽然變得成熟而有想法，我觀察到他們對自己更有信心，並從這份信心中，緩緩滋養出自重、自愛與責任感。

這是公民素養的融入，是主權回歸人民的縮影。

我讓他們討論期待的團隊樣貌：希望彼此如何互動、有哪些共同約定、不希望在班上發生的事為何。

他們熱烈討論、闡述、辯證、投票，一個接著一個侃侃而談，有激烈的對話，也有相互的理解，共識漸漸有了輪廓。

二、解構：老師在旁陪伴、引導、問一個好問題

當學生盡情揮灑，丟出各樣天馬行空的想法時，老師的角色，是陪伴他們，適時問一個好問題。

不斷好奇、探究、揭開孩子們言詞的表象，逼他們真的清楚自己在說些什麼、真正要的是什麼。

當很多學生很自然的說「要一個團結的班級」，我就對這個看似「理所當然」的真理反問：「為什麼一個團體一定要團結？不團結不行嗎？」

學生有點被這個問題嚇到，呆滯一會兒才回過神表示，因為團結力量大、團結後學習的效能高、團結才會相處愉快等。

經過簡單的問話引導，他們慢慢看見團結背後的益處，而不是為了團結而團結。

接著我又問：「從小到大，我們都被告知要團結，但真實的狀況是什麼？大家真的團結嗎？不團結的原因又是什麼？會不會每個人認為的團結都不一樣？」

三、再建構：匯聚團體共識

學生陷入思考，開始分享各自的經驗，具體描述對「團結」的認知。

此時，關於「團結」的共識才如同荷葉上的水滴，從葉片四周慢慢向內匯聚，形成一個完整的圖像。他們說：

團結，就是當有人沒做好時，善意的提醒。

團結，就是看到班級有狀況時，自動自發補位。

團結，就是當有同學被冷落時，溫暖伸出援手。

團結，就是發揮每個人的亮點，讓班級更美好。

當每一個團隊誓約，諸如尊重、友愛、主動……被這樣建構、解構、再建構之後，每一個抽象的概念才不再是虛無縹緲的詞彙，而成了彼此理解的基礎。

訂出所有的團隊誓約之後，我都會提醒他們承諾與責任感的重要性：「當你達不到自己所訂立的誓約，我會鼓勵、催促，甚至責備你，若是你仍然不受控制，我就會把你看成一個不守約定、背信忘義的人。而且我一定說到做到！」

當約定被踐踏的時候

許多班級約定最難堪的一面，應該就是好不容易訂出來了，結果卻被毫不在乎的踩踏，一次、兩次、三次……不遵守漸漸成了常態，到最後誓約就變得一文不值。

合作的起點，在於劃出底線，並尊重這道底線。我的原則是，我們訂出來的，必須是真心想要做到的，既然如此，就必須尊重這樣的決議。

有一次，學生自己訂下「竭力維護班級衛生的約定」，因為環境若整潔到位，學習時才能不浮躁。幾天後，就有三位學生破壞約定。

上課時，大家都以為我會大發雷霆，我卻柔和的走到三位大男孩身邊，輕拍他們的肩膀，讓他們感受到我的真摯，再用感性的語氣說：「你們竟然違背了我們之間 Man to Man 的約定。」讓他們明白，原本老師及全班是信任他們的，他們卻辜負了大家的信任。

三位男孩臉部肌肉從僵硬轉為放鬆，表情中透露出些許的驚訝與感動。他們承諾往後會尊重這份全班訂出的約定，並期望和我與同學重新建立信任關係。經過幾週觀察，他們的確做到了！

我也邀請其他同學彼此善意提醒，讓團體的正向力量帶動全班的氛圍。漸漸的，學生會彼此提醒，相互支持。

團體的力量很重要，它可以是一道浪潮，讓你乘在上面，毫不費力就能比其他人更快穿越難關；它也可以成為流沙，拉你進入無底坑，終日和憎惡的人互翻白眼。

因此，將力量交還給班級的主角——學生，讓他們打造自己心服口服的團隊誓約，彼此提醒、成長，絕對比老師嚴密的規範還有效！

1 參考夏惠汶博士所著的《PTS教學法：微型社會中的主題式教與學》

「我」的模樣

在一個孩子的成長歷程中，心裡最劇烈的一個震盪，很可能是走出家庭，走入學校。

這是社會化的第一步。原本備受關愛的寵兒，突然得面對他人的眼光、批判、讚許或輕蔑，開始從不同於父母的角度觀察自我，孩子的自我形象和自我認同漸漸形塑，緩慢而堅定的長成心目中的樣子。

於是，讀懂自己，也讀懂別人，成了孩子在社會化的過程中，艱鉅且重要的挑戰。

換班前的最後一堂課

讓孩子嘗試與不同的同學、老師合作，建立人脈，更擬真體驗社會中人我之間不斷轉換的情境，一直是彼得思教育的核心思維。因此，在一年級上學期結束後，我們讓孩子大洗牌，重新換班，適應新同學和老師。

換班前的最後一堂課，我思考著，要用什麼方式和他們說再見？我該如何讓每位孩子透過別人的眼睛來認識自己，避免讓他陷入自欺與自我感覺良好，以便在未來的人際上走得更加穩健？

沒過多久，課程的輪廓逐漸成形了，我運用心理學周哈里窗（Johari Window）的概念設計了一堂課，讓孩子透過彼此眼中的映照，顯現出多層次的自己。

對每個孩子而言，在班級中有三種角色：自己、同學和老師，就像排列組合，一個微妙的三角人際脈絡有著各樣的可能性。於是我在課堂玩起了四個階段的互動。

第一階段：他眼中的自己

一個人的學習，永遠要回到他自己。我請每個孩子回想，現在的自己和進來這所學校前有什麼差異？改變了什麼、成長了多少？接著，讓他為下個階段訂定目標，從現在對自己認識的基礎，思考未來可以往哪裡走。

第二階段：他眼中的老師

接著，我讓他們說說，在他們心中我是個什麼樣的老師？我藉著這個機會向他們學習，看見自己的不足和亮點。

第三階段：眾人眼中的他

然後，我帶他們玩一個信任遊戲，每人各貼一張紙在背後，至少找十五個同學寫下對自己的觀察與鼓勵，讓他們彼此回饋。

在這個階段，他們發現自己在不同人的眼中，竟可以有多麼極端的落差；孩子心中的自我形象，也產生激烈的化學變化。

10:10 新北市 PTS
信任遊戲

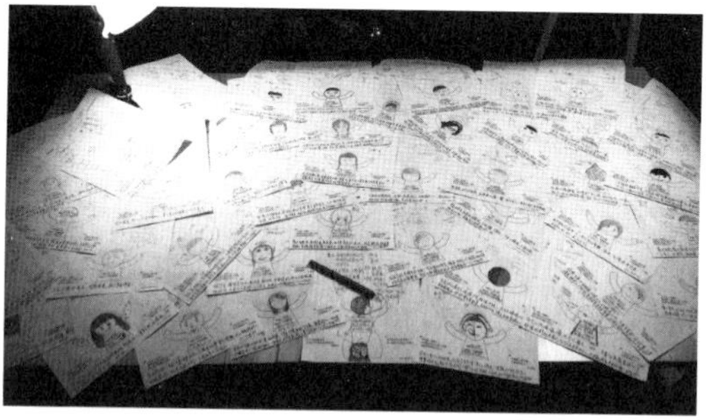

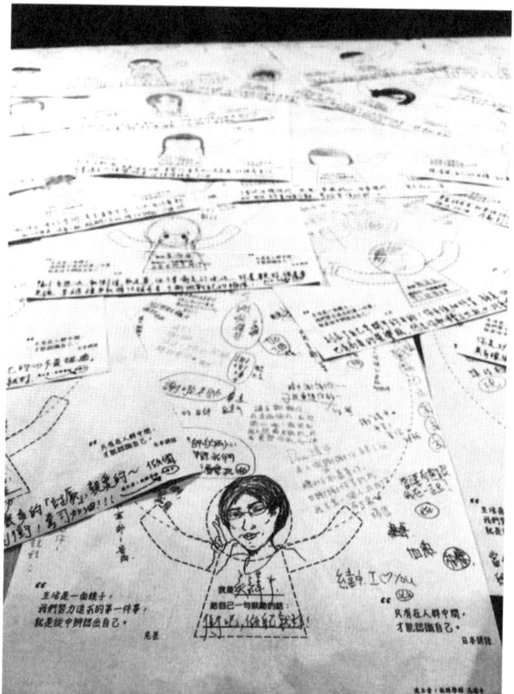
只有在人群中間，
才能認識自己。
給自己一句鼓勵的話：
只有在人群中間，
才能認識自己。
日本諺語

第四階段：老師眼中的他

最後，我為每個孩子選了一張這半年來，我幫他們拍攝最具代表性的照片，代表他們在我腦中最鮮明的印記。

這四十二張照片就像一個小小攝影展，每個孩子都是模特兒，展出他們高中生涯初期最真實的樣貌，無論是榮耀、挫敗、歡樂或難過，都是片刻心靈的流露。

我一位位給孩子回饋，有鼓勵，有責備，有期待，全都出於我細心的觀察。在聆聽的過程，幾位孩子的眼裡盈著淚水。我猜，他們正在消化這些真誠而直接的言語。

《湖濱散記》（*Walden*）的作者梭羅曾說：「世間最大的奇蹟，莫過於我們能透過彼此的眼睛看世界，哪怕只有一瞬間。」在這個如微型社會的班級中，交織著亂中有序的關係線，那天下午，我和孩子一同經歷了梭羅口中的「奇蹟」。

透過他人的眼，讓自己更好

人我之間，如何處理他人對自己的回饋，一直是不容易的課題。什麼時候要對抗他人的聲音，像抖掉身上的落葉？什麼時候又該有意識的微調，讓自己更好？

從班上推舉家軒擔任期末活動的副組長到現在已過了兩週，三天後，就是重要的展現時刻。

兩週前，他告訴大家，自己沒有做大組長的能力，但他渴望學習，可以做副手協助大組長，也因此得到大家的信任。

投影幕上投出班上每個孩子這學期的代表照，他們一位位上台分享這段時間的成長，我也真摯回饋我眼中的他們。

在這十多天裡，當大家分組勤奮討論時，他一個人坐在教室後方，旁若無人的戴著耳機，埋首寫自己其他課程的作業，完全封閉他人。就算偶爾加入討論，也是有一搭沒一搭，常分心滑手機，四處晃來晃去「巡視」大家。

當其他人稍微懈怠，他觀察到我臉色不對，卻沒有想辦法解決問題，反而站在一個比別人高的角度，洋洋自得的說著風涼話：「小心喔，要被緯中罵了喔！」

慢慢的，家軒失去同學信任，沒有人要和他分享資訊，告訴他現在的狀況；他就像個逍遙的俠客孤芳自賞，獨自拄著枴杖站在山上，一陣風吹來，將身上的斗篷吹得鼓鼓的。

這天，他一臉茫然的找我，說：「大家都不告訴我每個組別的現況，也沒有人交代事情給我做，我不知道發生了什麼事。」

我抑制住惱怒問他：「你到現在還是沒搞清楚狀況。你可以試著回想一下，你用了什麼努力嘗試理解狀況？我猜，沒有人跟你說話或交代你任務，是因為他們不信任你。」

家軒相當訝異，我相信他從沒想過別人會這麼看他。

我的語氣漸漸凌厲：「從頭到尾，你到底做了哪些對團隊有助益的事？你可以讓自己在團體有存在的價值嗎？現在離活動結束還剩三天，難道你要到最後，都讓人覺得你無所事事、不值得尊重？」

他神情扭曲，將臉埋進雙手間；我不忍心，聲音柔軟下來，試著引導他換位思考：「如果你是班上同學，你會怎麼看家軒這兩週的表現，你覺得家軒做了什麼？」

他皺眉思索一下，難過的說：「會覺得他很自以為是，什麼都沒做，也不知道我們在做什麼。」眼淚順著臉頰滑下，他沉重、發自內心的低聲說：「我怎麼會做到這個地步，讓大組長嫌我，讓同學嫌我，讓老師嫌我，甚至讓我也嫌自己。」我默默不語，心想，這是領悟的眼淚。

我接著說：「這不是你習慣面對的自己，你一定需要時間消化。在我眼中，你是個想把事做好的人，也是個頭腦靈光的人；我請你思考，接下來你會怎麼做？想想看，可以怎麼為團隊創造你的價值。」

當晚，家軒跟大組長對談許久，也向班上同學坦承自己的不足，並和大家釐清自己可以做的事。隔天，他身上的傲氣消失了，也進入一個進度較落後的組別，實際協助他們完成任務。

活動結束那晚，家軒跑來找我，笑容害羞而滿足。他說終於找到自己在團體中存在的價值了，那是一種成就感，是一種找到定位的解脫。我看著他離去的背影，就好像一個迷路許久的人，踏上了一條回家的路。

以謙卑姿態好好做自己

我們都需他人眼光的校正，但也都在尋找自己的聲音。於是，我們永遠在這兩個矛盾間掙扎：一面怕太任性做自己，漏聽他人的聲音；一面怕太少活出自己，漏聽自己的聲音。

家軒的經驗讓我回想起，自己曾在舉辦活動初期收集意見時，赫然收到一位學生的指控，上頭指名道姓寫著：「反正我們的建議都是參考，你也不會認真聽，每次都當我們在放屁，吳緯中根本就黑箱作業！」

我也記得自己隨後公開和所有人分享：

感謝這位願意提醒我，讓我有機會反思並看見自己不足的同學。你的勇氣和坦率，是我所欣賞的。

很遺憾讓你有這樣的感受，我相信你一定是看見了什麼，才會讓你有這樣的結論。

我不夠好，我相當清楚；我做事常有遺漏、缺失和不足，這也是我深知的。和所有人一樣，我受限於偏見、自我喜好的視角。

如果你願意，請以任何方式傳達給我，確切告知我的不足，讓我有繼續進步的機會。但我也期許自己，在這次活動中認真聆聽每個聲音，不漏掉每個寶貴的意見。

他人的眼光可能是無端束縛，也可能是一面明鏡。

無論如何，若能保持謙卑的姿態，相信自己絕對有盲點與看不清的地方，並在面對各方排闥直入的回饋時，虛心接受，誠心反思，用心調整，必然可以坦蕩再出發，繼續好好做自己。

「我們」的模樣

當老師的，大半都會想要讓學生更好。我們用自己經年累月養成的價值觀與偏好，嘗試幫助學生更好。然而，那個「好」是誰眼中的好？誰口中的「好」算得了數？

當老師的頭幾年，我對好與壞有一條鮮明的標準，極力拉著孩子到一個他們不願去的地方。因為自以為的堅持，我無法接受孩子的現況，認為他們是無可救藥，亟需我的「幫助」。

然而，一次帶領新班級的經驗挑戰了我的認知；從嫌惡到接納、抗拒到欣賞，三段和這個班級對話的經歷好像一束光，照進我內心積塵的角落，啟發了我，也從此改變我看待孩子的角度與觀點。

兩張海報，兩種看自己的方式

學期初我接了新班級，聽到幾位老師聊到這個班很有個性、不太好帶，我心中不以為意，心想：「我要親自見識一下再說。」

為了熟悉他們，我進行了一個課程，讓學生找一張這兩個月來的代表照，分享自己的學習和改變，並對學期的下半段設定目標。

然而，一切都亂了套。

上台的同學毫無準備，說著言不及義的內容，姿態毫不在乎。還在說的同時，台下起了騷動，幾位平時就容易招惹言語挑釁的孩子，吵著叫別人不要捉弄他們。原來，有學生偷偷上傳幾張醜化的照片到班上群組，戲謔意味十分明白。台下亂無章法，視老師、同學如空氣。

當我還在思考如何回應時，坐在前頭、眼神銳利的小風突然說話了。他冷冷說著，剛剛大家都是做樣子給我看，因為我說要看他們本來的面目，而他們就是一個「很給洨（台語發音）、很屁孩」的班級。氣氛倏然凝結，每位學生都望著我，似乎相當滿意小風對這個班的評價。

我靈機一動，立即邀請孩子一同來定義他們是個怎麼樣的班級。團體動力開始活絡，當一個人願意開口說出真話，突破那個最困難的尷尬，其他人都能陸續坦露內心。

不一會兒，黑板上列出了十多個形容詞，幾乎清一色是負面的。然後我請全班投票，看大家心中最認同的班級樣貌是哪幾個。

票選結果出來了，大家覺得自己這班是個很屁、不成熟、個人主義重、給洨、聽不懂指令、心機重、不團結的班級。而黑板上唯一的正向形容詞：自主，竟然一票也沒有。我不禁心寒，如果孩子這樣看待自己，那我可以怎麼陪伴他們？

我看著黑板，再轉頭看看大家，他們似乎得意洋洋、很滿意票選的結果。然而我知道，有時候孩子得意的表象只是偽裝，於是我不死心的展開對話，深究他們的想法。

我快速環視全班，輕輕發問：「如果你被別人用這幾個詞形容，你會滿意嗎？」「但我們就是這樣啊！」小風搶著回答，有點賴皮的感覺，但我察覺他語氣中的一絲無奈。

我繼續深探：「即使真是現在的狀況，你們希望自己永遠是這樣嗎？大家期待自己在期末時，仍是這樣看待自己嗎？」

一個好的問題，會讓人從不同的角度看待自己。我看見許多孩子開始思考，有些開始搖頭，有些說不希望這樣。

我把握機會，接連追問：「那到了學期末，你們希望別人用哪三個形容詞來形容你們呢？」

當天下午，我收集大家在便利貼寫下的答案，接著很快將兩個主題（形容自己&對學期結束前的期待）用文字雲做成兩張海報貼在牆上。

兩張海報彷彿有生命般形成強烈對比，彼此宣誓主權。

很屁
聽不懂指令
不成熟
心機重
個人主義強
給沒
善良人很好
80%的人很奇怪
顏值高
幽默
衝動
不團結
78
活潑
鬼點子多
能討論

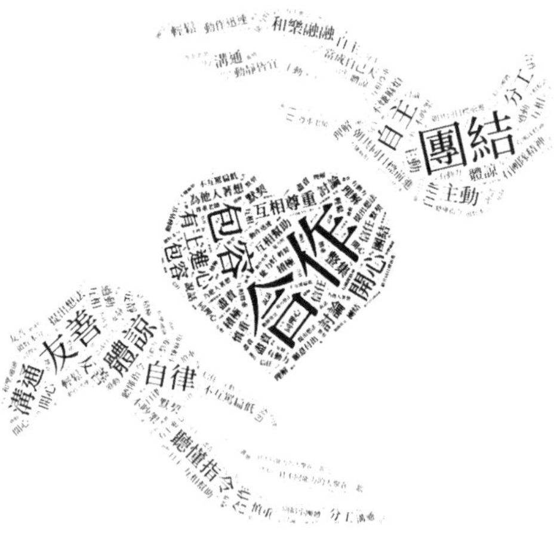
合作
團結
包容
友善
體諒
溝通
自律
互相尊重
自主
開心
和樂融融
聽懂指令
主動
分工

「老師，你是不是覺得我們很爛？」

兩週很快就過去了。

這兩週，我常盯著那兩張海報，心裡思索要怎麼做，才能讓孩子從這一側走到那一側？我努力觀察他們，決定要給他們一記當頭棒喝。

這天我走進班上，在黑板上寫下他們這段時間的「惡形惡狀」：

- 付出的人不想再付出，團體的事好像不干自己的事。
- 事情能躲盡量躲，多做一點就像要自己的命一樣。
- 班級四分五裂，剩下一個又一個只顧自己的小團體。
- 常常需要別人用凶的、罵的，才會停下來。
- 太多人心裡有話卻憋著不說，背後抱怨倒是一堆。

然後，我和他們說了一段想了很久、自認為用心良苦的話：

我尊重這個團體的固有文化，但不代表我沒有原則。

這兩週，我看到班上的發展，我無法接受。

我不想得罪你們，但如果必要的話，我也不怕得罪你們。

兩週前，你們才說自己是個多麼差的班級，但沒有人心裡真的接受，那是一種維護面子的嘴硬。所以，才有另一張海報出現，那是你們期待別人看自己的樣子。

然而，你們很會做夢，很會許願，設下美好的目標，卻辜負了夢想。這就是很多人不敢立志的原因。因為年年立志，年年破功，反覆加強失敗的經驗，所以開始畏懼談夢。

人都有尋好的心，想要往上，但為何一遇到現實就和目標脫節？

我們都知道團結很重要、為團體付出很重要，但我們是這樣的人嗎？你實際做了什麼讓團體更好？是的，也許團體不代表你，但你就活在團體中。

然而，我們可以如何從現在渾噩的淵沼，走到企盼的峰嶺？從這裡到那裡，我們得做些什麼？

我們能不能夠改變自己的經驗，去找到問題，勇敢說出心聲，讓團體更好？讓付出的被尊重，讓好事被肯定，讓每個人有學習？

這是我想和你們談的。具體來說，我們可以怎麼一點一滴走向共同的嚮往？

當我猛烈指出他們的問題時，我望著全班，目光凌厲，孩子發現無法回應我的指責，全都低下頭來。

下課時，小風跑進辦公室，很不服的問我一句：「老師，你是不是覺得我們很爛？我們真的是全校最爛的一班嗎？」這句話好像轟雷響在我的耳畔，震得我心神不寧。我發現自己散發出對他們不滿甚至嫌棄的氣味，而且被敏銳的孩子嗅出來了。好像我是法官，他們是等待被審判的罪犯。

原來，我如何看他們，也決定他們如何看自己。

接納現在的你們

那天之後，小風的話常在我耳邊呢喃，我開始三三兩兩找孩子吃午餐，嘗試放下偏見，進入他們的視角，走入他們的生活。

我漸漸體會到，沒錯，孩子的確「不夠好」，然而，「不夠好」原本就是一個再正常不過的狀況。團體意識原本就是需要被培養的，他們雖從小在群體長大，卻很少被教育如何與群體共處。

隔了兩週，我在班上向孩子告白自己內心的激戰與思索：

起初，我走進你們班，內心都會抗拒，因為我也耳聞你們對我的抗拒。我想，抗拒是會傳染的。

但到了今天，我發現自己愈來愈愛你們，覺得你們每個人都有值得被看見的地方。

為什麼？因為我的觀念改了。

原本我一直覺得你們不好，很努力想要拉起你們；但後來發現，如果你們不想，我再用力有什麼用呢？

所以，我決定照著你現有的樣子，愛你、接受你，陪著你往前。

你們也不過就十五、十六歲，你們所說的「很屁」、「不成熟」，原本就是很自然的樣貌。畢竟，我們不可能一次就到達所期望的目標，也不可能永遠維持心中理想的樣子，就像網美圖不是每天都看得到。

甚至就連老師有時候看起來也很屁、不成熟，不是嗎？

聽到這裡，孩子都笑了，很多人眼中散發一種被理解、同理的喜悅。

然後，我和他們說：「讓我們重新來看你們之前描述這個班的負面詞彙，並賦予它們新的意義吧！」

我問大家，什麼時候我們需要「很屁」與「個人主義」？他們想了一會，靈機一動說：「要站上舞台表現、不怕丟臉的時候。」

我們接著一起討論：夢想需要一點的「衝動」，在成熟的見解被提出之前，必定有很多的「不成熟」，要去談判或說服別人也許需要一些「心機重」，而「聽不懂指令」常常能激發出原創性和不人云亦云的特質。

至於「給洨」，我們則是花了點

時間查網路，才了解定義是：「說話賤賤的，有點白目、機車，明明知道不要又硬要的頑皮。」然後我們異口同聲驚呼，這不就是孕育獨立思考必備的條件嗎？

即使我們都知道多少有點硬拗，但孩子都接收到我傳達的意思，他們知道我不再拿舊有的標籤看待他們，而是以新的眼光欣賞他們現有的模樣。

如今幾年過去了，這個原本幾乎與我敵對的班級，卻成了和我最有記憶與情感的一班。

感謝小風和這群孩子，提醒了當時急欲為師的我，脫離大人的自恃，學習接納孩子的本相，給出信任、尊重生命的步調，讓成長有了呼吸的空間。

被霸凌之後的選擇

校園的霸凌事件，早就不是新鮮事；新鮮的是，網路時代將霸凌的第一手畫面搬到了你我眼前，讓人親眼目睹其凶暴過程，於是我們更難抹除留在腦海中的影像。

被霸凌之後

新生入學的第一週，班上進行自我介紹時，好多孩子不約而同說起他們被霸凌的過去。

我突發奇想，丟出一個問題：「在成長的過程中，曾經有受過無論肢體或言語霸凌經驗的人，請舉起手來。」這個問題似乎觸動了孩子封存的記憶，有些人大方舉手，另有幾個左右觀望，遲疑了半晌才默默舉起手來。

令我驚異的是，班上竟超過半數舉起了手。

霸凌，已成了校園中常見的景象，如同南非作家柯慈（J.M. Coetzee）在小說《鐵器時代》（*Age of Iron*）裡所寫的：「這個時代的孩子，在暴力的景色裡感到自在。」

最讓我有感觸的，不只是多數孩子曾被霸凌的事實，更是他們在這段傷痛經驗之後，選擇大相徑庭的面對方式：

•縮進想像世界

一位憨厚、滿臉青春痘的男生，說他國中時被班上幾位惡煞盯上、欺負了好一陣子。所有委屈、怨怒無處發洩，他變得更害怕面對人，不喜歡和人交談，同時更加沉迷於動漫世界。「因為面對真實的人有太多未知和變數，而面對動漫時，裡面每個角色都是友善、可愛、歡迎我的。」他這麼解釋。

他還害羞表示，家裡房間擺滿了這幾年收集的漫畫，幾乎都可以開個動漫展了。

• 大方勇敢面對

一位膚色白皙的男生，說話時有些微的肢體不協調，加上結巴，曾長期被同學譏誚與排擠。但在自我介紹時，他坦率、不遮掩的說出自己的狀況，請大家包涵，也希望在新班級中交到朋友。

所有同學都佩服他的真誠，熱烈為他鼓掌。之後，班上多了好多隱藏版的小天使，隨時照顧、留心他的情形。

• 轉為自嘲搞笑

另一位短小精悍、膚色古銅的鬈髮男孩，自從國小五、六年級被霸凌後，就決定一舉翻轉沉靜的個性，故意顯得異常活潑、成為班上的開心果，讓自己「受歡迎」、被大家接受。

在自我介紹時，他刻意搞笑、不羈，甚至歡迎班上同學用「黑鬼」這種極度貶低的字詞來稱呼他。他過度自嘲、自我矮化，只為博得觀眾掌聲。

• 成為霸凌幫凶

還有一位孩子，因為曾被言語霸凌，發展出一套保護自己的方式。他刻意在班上幾個有勢力的同學面前，散布中傷另一位同學的謠言，害這位同學被圍毆，他則得以自保。

他說，自己也曾是這些有勢力同學拳腳相向的對象，才想出此舉以轉移惡霸的注意力，讓他們不再針對自己；另一面又能討好他們，拉近與他們之間的距離。

讓我惋惜的是，他竟沒和弱勢同學站在同一陣線，反而聯合惡勢力霸凌更弱小的對象。這真是個詭異的生態圈！

因為被霸凌，第一位孩子沉迷於動漫，第二位決定勇敢承認自己的限制，第三位發展出迥異極端的性格，而第四位選擇和霸凌者連線，成了霸凌的幫凶。

緘默二十年的記憶

聽了他們的哀傷往事，不禁也將我拉回自己那如同暮靄一般，晦暗、死白的過去。

國小時，我圓滾滾的臉頰肉搭配臃腫的香腸唇、尖細的單眼皮，以及一副巨大的銀邊方框眼鏡，成了高年級的標靶，幾度在學校被要脅拿出身上的錢；甚至曾因在路上落單，被隔街丟瓶罐及取笑辱罵。

升上國中後體型漸壯，爸爸對我諄諄教誨：「你的力氣將會愈來愈大，要留心你的破壞力，並知道如何運用自己的力量。」（怎麼很像漫威超級英雄電影裡會出現的台詞？）

為了讓自己看起來不容易被欺負，我在校園常擺出防衛姿態，對身旁的挑釁異常敏感。一日下課，我獨自倚在欄杆上，看著遠方操場同學打球的身影。旁邊一個比我矮小的別班同學恰巧靠過來，斜望了我一眼。我情緒緊繃，一句沒經過腦袋的話就暴衝出口：「你是在看三小！」

他抿著嘴笑笑，不懷好意。中午下課時，他走到我們班，「邀」我去和他談談。這樣的場面，年少的我自覺不能輸了氣勢，就強裝果斷跟隨著他的腳步，一步步走向陷阱。

他讓我走在前頭，到了他的班級門口，冷不防把我踹進教室，他們班二十多位同學早在那裡悄悄埋伏。

最荒謬的是，當我跌進烏黑燈滅的教室時，其中一個同學「好心」叫我把眼鏡拿給他，以免待會挨揍的時候破掉。

我的眼鏡躲掉了碎裂的命運，但可憐的我卻沒有。

那個矮小同學抿笑的嘴轉為咧笑，掩不住他的得意。他快速脫去外套蓋住我的頭；猛然間，二十多隻腳、二十多個拳頭、十多張桌椅，毫無次序的落在我身上。

黑暗中，我只能緊護著頭縮在牆邊，盼望上課的鐘聲快點響起，拯救我脫離這個殘暴、難以理解的世界。

不知道過了多久，我終於聽見打鐘的聲音。那位「好心」的同學沒有忘記遞回眼鏡，讓我帶著身上唯一完整的東西離開。我踉蹌走回班級，暗自許諾：在往後的日子裡，絕口不提這個陰暗的經歷。

高中時，我決定要攀上勢力，從被霸凌者轉為霸凌者，甚至做了好些遊走法律邊緣的事。現在回想起來，實在心酸。

過去的陰影，今日的力量

長大之後，我好想穿越時空，回去拯救那個被人群圍著，蹲伏在角落，無力保護自己的孩子。

直到有一天當了老師，我才知道自己可以怎麼做。

經過了霸凌的風暴，我真的能理解，一個長期被霸凌卻不敢吭聲者的感受。內心的憤怒、怨恨、羞恥、自責等種種情緒積藏許久、混雜一起，猶如悶了三天三夜未吃完的便當，散發劇烈難忍的腐臭。

霸凌的傷害，會讓一個人很生氣：對那些沉默的旁觀者生氣；對那些濫用力量的人生氣；對那些什麼都不知道的大人生氣；甚至，對沒有能力抵抗、靜默承受的自己生氣。

最可怕的是，被霸凌的孩子會傾向將責任歸到自己身上，覺得是因為自己太醜、太胖、太不善於言詞、人緣不好、功課太差……才會被欺負。

但事實是，對霸凌者而言，永遠都找得到一個能說服自己攻擊別人的理由，無論這理由再如何薄弱、不攻自破。

有一次，我分享完自己的故事後，對孩子說：

> 我的存在，某一部分的原因，似乎是在彌補之前我的失去。因為看見你們，就好像看見過去的自己。
>
> 我想用我的生命，找到能陪伴你的著力點；我想拉起一道與你之間安全的信任線，讓你受保護，讓我可以協助。
>
> 我無法做到零霸凌的校園環境，但也許我可以做到的是，你能安心分享你的恐懼與傷痛。

即使我不是拯救者，但我可以陪伴你；陪伴你長出力量，陪伴你尋找資源，陪伴你面對內心深不見底的憂懼。

我始終相信，重點不是霸凌本身，而是被霸凌之後的選擇。

我無法改變孩子受到霸凌的過去，但也許可以多引發他們去思考，當霸凌發生後，可以選擇用什麼方式，繼續朝著前方邁進。

我們可以帶著傷，再出發

當學生聽了同學受霸凌的過去，他們多了一層理解，班級在無形之中變得更加緊密，並自發性相互照顧。他們經過霸凌幽谷，還能重新信任團體、彼此支持，那種「一個都不漏掉」的精神，直到現在都沒有散去。

我想，孩子都經歷了心理學家卡洪（Lawrence Calhoun）和泰德希（Richard Tedeschi）提到創傷後成長的階段：「我比我原本以為得更脆弱，但也比自己想像中更堅強。」

於是，我們有了一個小小的領悟，也是班級裡祕而不宣的默契：即使各自有過去的創痛，我們依然能夠帶著傷，一同創造沒有恐懼的學習環境。

我是霸凌者，因為我曾被霸凌

新的一個學期開始，班上來了一個轉學生小宇。一開始我並沒有特別驚動他，等到第一週即將結束前，我才上前關心道：「喜歡這個班嗎？一切都習慣嗎？」

原本只是想小聊幾句，沒想到他的回應開啟了一個漆黑又遼闊的話題：「只要能離開之前學校班上的人，我就能過得很好。」小宇的眼中有著尚未平復的恨意：「他們跟我不合，我也跟他們不合。」

「整個班級嗎？」我再度確認。他肯定的說是。

一、兩個人不合是很尋常的事，但與整個班都不合？我心裡一陣不捨，也產生好奇。他說自己人際不佳，被幾個男生盯上，後來被圍毆多次，無法在那所學校繼續待下去。

看他被記憶折磨的樣子，我不想再繼續挖他的痛楚，那次的對話就停了下來，只是我心中仍有不祥的預感。隔了一個月，我心中的不安竟然成真。

我被緊急叫到教官室，他們說小宇因為被同學口語刺激而抓狂，失去理智的掐住對方喉嚨不放。

見到我，他第一句話就說：「老師，我不想讀了，這裡的人都討厭我，我要再換一個學校！」我當下無法回應他，只能先處理事件，但心裡一直惦記著要怎麼繼續和他對話。

隔天，沒等到我找他，小宇自己先衝進了辦公室找我。因掐人脖子，他成了眾人注目的焦點，走在路上就有人盯著並冷嘲熱諷：「這不就是那個很厲害的轉學生嗎？」

他氣不過，覺得被霸凌，漲紅著臉找我告狀。我問他：

那你覺得我該怎麼處理？把這個人叫過來，禁止他對你說的話嗎？

還是要告訴所有老師，讓他們告訴自己遇到的每個同學，不准再嗆你？這樣會有用嗎？

老師管得了別人看你的眼神嗎？管得了他們心裡怎麼想嗎？

輿論，也許能壓抑一時，但它就像火山一樣，悶久了也是會爆發的。

我等小宇稍稍冷靜下來，繼續說：

或許，這就是你的命。無論你去哪裡，都會遇到類似的事。到底是環境的問題，還是你的問題？

就算這次真的又離開這所學校，但你相不相信，重複的事還會再發生？你還可以換幾間學校呢？

就這件事看起來，你是被霸凌的一方，但對其他人而言，你似乎又是個霸凌者。關係是互相的，被人討厭，必定有被討厭的原因。你不會看到陌生人的第一眼，就打定主意討厭他吧？

我想，對方一定有不對的地方，但你這一方面呢？你做了什麼事，讓其他人有機會討厭你呢？

我直視他的眼睛，只見他垂下頭來，表情扭曲，瀑布般的劉海蓋住了他的臉龐。

小宇長久以來一直將問題推給別人，滿口都是控訴，從沒思考自己在人際相處中的責任。這一次，他終於崩潰了，淚水浸濕了整臉，聲音顫抖的說：「我真的不知道大家為什麼不喜歡我？我要怎麼做才能真的改變？」

當小宇改變思維，我發現他的整個眼界都改變了。我回應他：

我沒有辦法給你答案，因為只有你最認識自己，知道自己曾經說了什麼、做了什麼，讓別人對你有這樣的感受。但我可以陪著你，一起走上這條改變的路。

我相信，這是你的命，也是你生命的功課。如果你能在這所學校學會這件事，就能走過生命裡一個重要的關卡。

這次，他不再對外界充滿敵意，開始問自己，回到根源，探究到底是哪裡出了問題？認真思索自己被討厭，會不會不全然是對方的錯？

霸凌者與被霸凌者之間的距離

經過小宇的事件，我開始思考霸凌者與被霸凌者之間的關係。從我自己學生時代的經驗來看，我同時是霸凌者，也是被霸凌者，兩者之間的界線相當模糊，並隨時可能角色對調。

界線，可能被跨越、被抹除。當被霸凌者為了保護自己而不擇手段時，很容易就成了霸凌者。我發現他們的心理十分相似，甚至大膽猜測，也許多數人都曾經是這兩種角色。為了印證我內心的假設，我決定進行一個課程……這一天，機會來了。

班上一位女生在Instagram的限時發文嗆人，讓社群網站頓時成了戰場；不一會兒，另一個學生加入戰局，相同陣營的友人接著發文、標注、撻伐。兩方文字之惡毒、嗆辣，很難想像出自孩子的手。

下一次上課時，我刻意不提此事，而是請學生回憶自己曾在網路上看過的不適當發言，分組進行討論。

接著，我請孩子進行角色互換的思考：如果這樣的發言針對自己，你的感受如何？會如何回應？如果自己就是發言的人，為什麼會寫出這樣的文字？還有沒有其他能表達情緒，又不具攻擊性的方式？

其中一個孩子的分享令我印象最深，他說國中時曾有同學對午餐處理方式不滿，發文攻擊負責的人，後來事件從網路延伸到實體，雙方在班上大吵，班級也因而分裂，直到畢業都沒有改變。

下一步，我請覺得自己曾發表過不當言詞，可能帶來網路霸凌的同學舉手。出乎意料的，有一半的孩子舉起手。我邀請三位孩子分享他們做了什麼傷害別人的事。有一位說，因為曾看別人不爽，所以拿那個人的名字在網路上開玩笑。

再來的課程我更為謹慎，因為即將觸碰到情感的底層。我請曾被網路霸凌的孩子舉手，徵得他們的許可後，邀請三位上台，分享那段曾經痛楚碎裂的記憶。

一個女孩說，因自己說話較慢，老師特別照顧她，惹得同學忌恨、排擠。不多久，網路上的攻擊紛沓而至，最後自己成了班上的邊緣人，被罵到連存在的尊嚴都失去了，一度想放棄就學。

經歷過任何形式霸凌的人都曉得，真正的傷害，從霸凌那天後才開始。

說起這段回憶，她全身不停發抖，我問她：「在述說這段痛苦時，哀傷的感受是否又湧上來？」她無助的點點頭，我請她的好友代替我好好擁抱她，試著用愛化解她糾結的心。

聽完了霸凌者與被霸凌者兩方的分享，講台前面站著六位混著複雜情緒的孩子。

最後，我讓代表霸凌者的三位孩子站一邊，代表被霸凌者的三位孩子站在另一邊，然後詢問他們，是否自己也有站在相反一邊的角色？如果有，請走到另外一邊。

他們動了起來，六位孩子中有五位走到另一側。班上異常寧靜，空氣中有種微妙的張力。

此時，霸凌者與被霸凌者兩方原本堅固的屏障霎時瓦解，沒有人是永遠的惡霸，也沒有人是長久的受害者。

原來，霸凌者與被霸凌者不是平原上壁壘分明的雙塔，毫無交集。如果我們都願意從高塔走下來，脫去滿身的盔甲，將會發現兩方的差異其實根本無從分辨。

我轉頭看看全班，詢問大家看見了什麼，請他們找到彼此的共同處。

孩子紛紛回答：「他們都被傷害過，同樣處於憤怒的情緒，也都想要回擊、保護自己。」另一個孩子說：「無論是霸凌者或被霸凌者，他們都同樣是人，有著脆弱、難以撫平的情感。」

下課前，我播了一首蘇打綠的歌〈你在煩惱什麼〉：

沒有不會淡的疤
沒有不會好的傷
沒有不會停下來的絕望
你在憂鬱什麼啊

時間從來不回答
生命從來不喧譁
就算只有片刻我也不害怕
是片刻組成永恆哪

這首歌像是一種心靈洗滌的儀式，孩子跟著旋律哼唱，不知不覺中，好多人眼裡都有著同理與悲憫的眼淚。

那天放學，小宇又走進辦公室找我，這次的平靜和上次的激動形成了強烈的對比。

他說，在今天的課堂中體會了很多，也終於知道自己一直以來說話都以自我為中心，從不理會他人，而他現在可以理解對方的感受了。

一年匆匆過去，至今我再也沒聽過小宇自己或其他人抱怨過他。看著和其他人相處愈來愈融洽的小宇，我心裡泛起一陣笑意，他總算跨越了自己生命中的一大關卡！

培養學生領導者Ⅰ：幹部群的形成

學期初，每個班級不免要走過的一段過程，就是幹部的選拔。

「志願當幹部的請舉手。」孩子面面相覷，眼睛都不知道該往哪裡擺，唯一的鐵則就是要躲避老師的目光。在尷尬的僵持之後，老師只好改變說法：「有人要推舉誰當幹部嗎？」美其名為推舉，卻常成為相互推諉與陷害。

學生躲避幹部職責的動作之大，如同費勁抖落忽然掉在衣服上的蟑螂。直到最後，倒楣被拱出的幾位學生只好認栽，灰頭土臉的接受。

孩子們分享每個幹部背後的意義、價值和重要性。從此，幹部不再是個殼子，而成了被賦予實質意義的角色。

幹部的內在精神

其實，幹部的指派可以很快，把人名塞進空缺也很容易，但核心問題是：學生的學習是什麼？

若幹部的產生過於草率，直接由老師指定，甚至淪為抽籤或剪刀石頭布決定，職位形同虛設，一學期下來，班級運作的過程勢必有許多不順與怨言，寶貴的學習機會也被白白浪費。

班級股長的功能不只是點點名、跑跑腿、幫老師登記成績，或是抄板書、發作業、記下遲到的人。幹部的精神，是讓群體的意識、責任與榮譽感在孩子的心裡發芽，學習自我管理、彼此陪伴，在團體中練習領導、凝聚共識，創造你好、我好、大家好的團隊。

既然如此，該怎麼深化內涵，讓學生學習到公民素養，也讓將來一學期班級的學習狀況更穩定呢？

一、建立友善、願意互助的團體

幾年前的一個學期初，在選幹部之前，我問高一新生喜歡什麼樣的團體，也請他們分享過去所待團體的經驗。

在他們盡情發表想法後，我意味深長的說：

我們都知道團結很重要，但為什麼往往會埋怨自己所在的團體不團結？到底是哪裡出了問題？

也許，問題的癥結在於我們自己。

真正的害群之馬，是只顧自己利益，讓身旁的人有機會成為害群之馬的人。而真正的團結，就是不讓人有機會成為害群之馬。

所以，我們每個人可不可以都做雞婆的「糾察隊」，發現有人不顧別人、活在自己世界的時候，勇敢站出來，善意提醒他一下，也許他只是沒發現自己的狀態。

我看見許多孩子不約而同環顧四周、望望鄰近同學，嘴角露出共同默契的笑容。

二、賦予角色意義

勾勒了對團體的共同圖像後，團體動力和凝聚力逐漸升溫，大家開始有願意為班上服務的感覺。

下一步，我把說話的舞台交給孩子，讓他們說說每個幹部背後的意義、價值和重要性。經過七嘴八舌的討論，幹部的內涵逐漸成形，幹部不再是個殼子，而成了被賦予實質意義的角色。

經過引導與彙整，他們歸納出其中幾個角色：

- 風紀股長：外在秩序的建立者，讓所有知識和學習在班上有機會開始的前哨站。
- 學藝股長：能掌握班級學習狀況，和老師一起思考怎麼帶動學習風氣的指導員。

• 輔導股長：具高度敏感力，關注同學內在的心理狀況，能軟性關懷、陪伴大家。

• 衛生股長：帶動班級維護整潔，為乾淨學習環境把關的環保尖兵。

• 班長：最清楚同學狀況的資源整合者，能為學生的權益發聲，也能站在老師的立場思考。

孩子所說的，有些也許超過他們當下的能力與程度，但做為學習目標，怎麼也不嫌過高。

三、挖掘幹部的角色特質，並和自身對照

緊接著，我鼓勵孩子說說這些幹部所需要的特質。他們反應熱烈，爭相回答，諸如班長需要有領導力、說服力、能處理事情；衛生股長需要界線明確、準確到位等。

然後，我再讓孩子好好反觀自己的特質，比對自己和這些幹部的特質有哪些相同與不同的地方，並且以略帶尖銳、直接的口吻詢問他們：「做自己擅長的事，是發揮；挑戰自己缺乏的事，是超越。這個學期你們想要學習的是什麼？」

以全新的眼光看待幹部角色後，孩子的動機顯得格外強烈，主動爭取職位的竟將近三十人，他們一個一個上台發表想擔任幹部的原因，以及帶領同學的方式。

在表述與投票的全程，每個孩子都積極參與，沒有一人覺得事不關己。我心裡一陣澎湃，這不就是一個民主形塑中微妙而深刻的過程嗎？

當所有幹部都被選出、大家歡天喜地鼓掌通過後，我在課堂的收尾期許他們：「幹部不是花瓶，只是做個樣子，擺好看的；我們班上需要的幹部，每一個都必須是真材實料。我很期待你們這個學期的學習！」

優秀的幹部群，能帶動班級全體的學習氣氛；不稱職的幹部群也是，只不過是朝截然不同的方向奔馳而去。

在學期的開端，多花一點時間和孩子對話，讓他們說出對團體和自己的期待，進而形塑幹部團隊；這樣做看似費時，卻絕對能幫助孩子成長與協助老師帶班；而最重要的是早日讓孩子察覺，自己身為群體內公民所需扮演的角色與責任。

培養學生領導者II：讓出舞台，打造幹部團隊

幹部是班級內的靈魂人物。人沒有靈魂，就只剩軀殼，班級也是如此。

但孩子並不是生下來就會當領導者；幹部不是一選出來，就擅長帶領人。

對我來說，選出幹部群只是第一步，後續他們在班上的作為、與同學的互動，才是更需要陪伴和關注的，否則學生只是冠上一個頭銜，毫無內涵。

整個學期的時間是我舖設的舞台，幹部在其間逐步揮灑亮點，找到自己的領導方式。其中，我的陪伴至少會歷經四個階段。

一、先不談工作，先照顧心情

開學第一週，我花費了好些時間，帶著學生看見班級幹部背後的意義與特質，並激發他們挑戰的渴望。經過這樣一步步扎實、緩慢選出的幹部群，各個摩拳擦掌，想趕快為班上做點什麼、改變什麼。

然而，我做的第一件事卻是拉住他們熱血的心，先舉辦餐會，讓他們有機會好好說說話，聽聽彼此的家庭背景、校園風雲、搞怪無厘頭或孤單覺得冷的故事。

一個核心團隊，如果彼此不了解、心相互遠離，要怎麼一起做事，帶領大家向前呢？

餐會的後半段，大家聊得正酣暢，一個孩子一時興起，說：「吃完這一餐，這學期我們就要一起並肩作戰了！」另外一人接話：「既然是並肩作戰，那誰是我們的敵人？」愛耍寶的體育股長說：「是班上所有的人！」大家一陣噗嗤，笑得在椅子上扭動。

等笑聲漸漸淡了，我靈感一發，對他們說：

我們的敵人，當然不是班上的大家！我們的敵人，是只顧自己、不團結、不整潔、不用心、擺爛、隨便、不自我要求、沒責任感、沒夢想、不一起往前走！

在歡樂的氣氛下，我們結束這一餐，離開前我給大家兩道題目：

- 你對目前班級的觀察是什麼？這個班級是怎樣的一班？
- 你可以做些什麼？或大家可以一起做什麼讓班級更好？

二、放手鼓勵嘗試，適時經驗整理

接下來，就是團隊塑造的重要階段。我給出舞台，放手讓孩子嘗試。

但我的放手，建立在熱切的觀察之上。發生狀況時，我當天就會和孩子經驗整理。因為沒有經驗整理，就很難有學習，讓「自組織」成了偽裝老師懶惰的免死金牌，也直接把孩子送入火坑，讓他挫敗與失望。

我讓孩子們知道，我在，我都會在。

新官上任三把火，幹部剛選出來的幾週，班長覺得責任在身，就異常積極，並且用了一些責罵式的言語：「可以閉嘴嗎？」「吵屁吵喔！」「是聽不懂人話喔？」

過度管控的結果，讓同學開始反彈，有幾位甚至回嗆班長，讓他無所適從，因此有些洩氣、想要放棄。

領導者，是大家關注的代表，是眾人首先察覺的標靶；領導者，是結合脆弱與力量，奇異又微妙的綜合體。

有一次班長又失控大吼同學時，我拉著他到辦公室坐下，待他靜下來後，我問：「你覺得對班長來說，什麼是最重要的？」給他一小段思考的時間後，我分享了自己的想法：

我覺得當班長最重要的，就是能受歡迎、被接受。因為被接受之後，才有機會做一些事情，真正帶來改變。

你的用意很好，但方式是否恰當？有沒有可能用其他的方式，讓同學感受到你的苦心，願意一起讓這個班級更好？

他是個聰明人，一下子就明白了，回到班上後，大家都訝異他的改變。給出空間後，孩子覺得自己被重視、受尊重，知道老師不是隨口說說，他們也會更加尊重自己的角色與職務。

三、用全體的力量幫助幹部成長

團體是領導者最直接的回饋。因此幾乎所有的事，我都會回歸團體。

班級內的衛生議題，始終是容易引爆的大悶鍋。兩週後，衛生股長就找我訴苦，說有時同學很難管得動。他的語氣帶著自責，覺得自己能力不足。

隔天，我和班上同學開宗明義說了衛生股長的困境，同時表示，這不僅是衛生股長的事，也是全班的事；幹部是少數人，但所有的學生都是學習共同體，而不是事不關己、翹腳打呵欠的旁觀者，而且以後每個人都有機會擔任領導的角色。

我詢問大家可以如何幫助衛生股長，也幫助全班共同完成任務。出乎意料的，幾個孩子反應了自己的心聲。他們說有時故意作對，是因為衛生股長常把威脅掛在嘴邊，說要告訴老師或扣分之類的。然而愈威脅，愈造成對立，更不可能讓事情順利完成。

也有人說，他們之所以做不好，是因為不知道清潔的標準，期待衛生股長可以先說明，甚至親身示範，讓他們清楚自己沒做好的原因。

還有人大聲鼓勵衛生股長：「以後別自己悶著，我們一定會挺你，只要說一聲，就可以一起想方法解決！」

透過對話，他們理解彼此，也找到未來合作的方向。那次討論中，我從衛生股長眼中看見的慚愧和感動，那是令我許久難忘的面容。

四、彼此回饋，一同見證學習

通常，我都會在期末抽個時間，讓班上的孩子給辛苦幾個月的幹部回饋，也讓幹部列出自己的改變，進行自我回饋。

某一次的期末回饋，學藝股長覺得自己很失職，沒有任何成長。她這話一出，班級一片譁然，好多人爭著要說她的改變。

有的孩子說，原本自己個性迷糊，容易忘東忘西，若沒有學藝股長不斷在群組中耐心提醒，很多作業都會忘記；也有人說，有一次她在一個報告卡關，學藝股長知道之後，二話不說陪她一起熬夜趕出，讓她念念不忘。

成長，有時需透過不同的眼睛，才能顯現多面向的映照。

一張幹部的工作內容表落落長，制式化規定了每個幹部該做的事。然而，幹部的意義不只在那些工作，更在背後代表的態度與信念。

那個信念，在於相信給予比獨樂樂更美，相信服務的價值高於自私牟利，相信合作不是分一塊餅而是汲一口井水，也相信豐富會愈給愈多，不會因付出而匱乏。

未經細緻陪伴的幹部，就像拿不到軍糧和槍砲的士兵，被惡狠狠推向一場注定敗落的戰爭，而那個幕後的參謀——老師，是最怠惰、不負責任的始作俑者。

我始終覺得，一個好的陪伴，能讓班級從中心到圓周都更加穩定、健全。一個學期下來，幹部群經過這四階段的陪伴，在班級裡彼此見證與回饋，通常都很有成就感，覺得自己雖然不完美，但也跨越了那些或大或小、為自己量身訂做的關卡。

未來公民的養成訓練

二〇一六年四月二十九日，我前往奧地利第二大城格拉茲（Graz）的最後一所參訪小學，不禁格外珍惜。

弗龍萊騰（Frohnleiten）小學位於格拉茲北方約一小時車程，鵝黃的水泥牆建築像溫和的虎斑貓伏在山邊，校地與綠地融在一起，春日的陽光舒服得令人瞇起了眼。

那天，一場由學生自主討論的班級會議，徹底扭轉我對於「班會」二字的定義。

弗龍萊騰小學的孩童看見我們的來訪，無不熱切貼上窗前，揮手迎接我們。

孩子的第一堂公民課

時間剛過上午十點，四年級女孩萊妮的心情愈來愈緊張，她輕咬細薄的下唇，嚴肅神情中夾雜著些微緊張，她召集全班二十一位同學和兩位老師，在開放性的教室裡圍成一大圈；圈內，是她剛剛打理好的布置：一張鋪著藍色塑膠布的茶几，几上擺著一個迷你藏寶箱與經過多次燃燒而凹陷的蠟燭。

孩子們推推擠擠，雖然安靜，但每張臉龐都掩不住期待。等大夥兒陸續坐定，萊妮小心翼翼取出藏寶箱內的火柴盒，擦劃了幾次火柴，終於成功點起蠟燭，並宣布每週五的班級會議（Class Council）正式開始；而她，正是今天的主席。

這是奧地利弗龍萊騰小學中的「家庭班」（Family Class）一週一次固定的學生集會。幾年前，導師英格麗參考法國教育家佛賀內（Célestin Freinet）在一九六〇年代提出的教學法，讓學生在班級會議中學習參與公共事務，輪流擔任主席與記錄，學習議事流程，訓練公民素養。

老師也得舉手發言

萊妮在掌心來回搓揉一顆圓滑的黑石子，緩緩說出今天的會議流程。首先，她希望每一位同學簡短分享這週的學習，於是她將黑石子順著圈傳下去，拿到的才能發言。當石子回傳到萊妮的時候，她引導大家進入集會的核心階段：班級議題的討論。

凡本週班級遇到的各種問題，不論是同學間的衝突、對課程的想法、對教室空間安排的新點子……開心或不開心的，都會被帶進會議中討論，所有的決定都需經過共識決或多數決才能成立。萊妮流露出一股青澀的威嚴，她觀察團體的脈動，讓一位位舉手的同學自由抒發想法。

兩位老師英格麗和索妮亞也在席上與孩子平起平坐。他們是會議中的一分子，若想發表意見也得舉手發言，全程遵守議事規則，讓孩子真正握有主導的權力，意識到他們有能力塑造班級風貌，學習為自己的選擇負責，並解決自己的問題。

在萊妮對面，一位身穿灰色棉T的男孩在自己的位子前擺了張椅子，湊

上圖：四年級的主席萊妮手上拿著冊子，壓抑住緊張，全神貫注於會議的進行，卻沒看見老師舉手等待發言。

下圖：身穿灰色棉 T 的男孩在前方擺了張椅子，上方攤著一本班級會議紀錄，認真記下內容。

合著當作小桌，攤開會議記錄本，聚精會神記下會議議題、討論內容和決議事項，並在每次決議後和大家複述他的紀錄，確認自己所寫內容的正確性。

學生兄弟的戰爭與和平

聽不懂德文的我，仍能被每個孩子熱中的態度和豐富的肢體動作感染，其中一位學生提出一個揪心的議題，格外觸動我。

他說有對雙胞胎兄弟這幾週狀況很不穩定，弟弟常辱罵哥哥，哥哥則對弟弟又踢又打，讓班級氛圍動盪，嚴重影響上課狀況。原來這對雙胞胎兄弟的父母最近關係破裂，家裡的爭鬧每天上演。如今父母分居，他們被迫和媽媽住在一起，無法對兩週才見一次面的爸爸表達濃濃的情感，於是兩兄弟的創口愈來愈深，關係也逐漸惡化。

這個心碎的事件被赤裸裸攤在會議中，純真的孩子絞盡腦汁、踴躍提出想法，希望能恢復兩兄弟的感情，改善課堂氣氛。

在會議陷入膠著時，一個孩子打破僵局。她右手指向一堵藍牆，大家的目光順著指頭方向來到牆上的一幅字框，上頭寫著班級的「黃金法則」：

「你對我好，我就不會傷害你，且會友善待你。（Das, was ich selbst nicht leiden kann, tu’ich auch keinem anderen an!）」

然後她說：「我覺得這句話是這個問題最好的答案。」她提醒這對兄弟以同理心相待，就能和平共處，恢復相愛。這個結論不僅讓全班鼓掌叫好，兄弟倆也願意各自退讓、彼此道歉，並承諾不再惡言相向。

這是孩子的第一堂公民課，他們辯論、思考棘手的人生難題，嘗試化解團體糾紛，達到共好的局面。在這裡沒有人當鄉愿，表面粉飾太平，私下忿忿不平；每位都願意透明化自己的想法，即使偶爾各執己見，仍全然尊重每個人的發聲。

會議接近尾聲之時，萊妮再度傳下黑石子，讓每位學生輪流說出本週想要感謝的人、事、物。有人感謝本週辛苦備課的同學，有人感謝班級裡自由學習的風氣，還有人調皮的說，感謝前兩天因大雪而停課，並且希望每天都是下雪日。

最後，萊妮請大家為彼此鼓掌，感謝每個人的發言，並唱了一首輕快的小曲子，為集會劃下溫馨的句點；記錄的男孩也站起身，走到圓中央的小几吹熄蠟燭，象徵會議正式結束。

在這個近三十分鐘的學生集會中，所有孩子全程專注傾聽、舉止得宜、熱烈回應。在我眼裡，他們不只是稚氣的小學生，更是以公眾事務為己任的模範公民。

人群逐漸散去，我見到萊妮仍坐在位子上，緊抿的嘴終於放鬆，露出微笑，彷彿完成一件神聖的任務。這一幕在我心中留下了難以言喻的震撼。

學生集會一結束，導師英格麗就和我們分享：

這種教學方式很「奧地利」（Austrian way）。學生集會最核心的精神，是要訓練孩子在合適的場合說合適的話，嘗試一面表達內心感受，一面避免說出傷人的話。讓孩子透過傾聽、包容，甚至偶爾的妥協，找到共同合作、一起前進的方式。孩子今天在會議中的表現十分專業，甚至比許多奧地利檯面上的政客更為成熟。從弗龍萊騰小學畢業的學生明顯更有自信，社會性融入更好，責任感也更強。

弗龍萊騰小學為孩子準備了一堂未來公民的實境課程，讓學童認識自己身處於一個經緯交織的社會網絡，即使個人能力再優異，也只不過是一個渺小的點，最重要的課題，是如何和身旁的人建立連結，融入所屬的群體，找到群我互動的定位。

在弗龍萊騰小學，我看見心中嚮往的群體生活和未經腐蝕的信念：

- 相信人可以透過群體共識來解決問題。

- 相信個人不會在人群中顯得空洞、虛假、表面化。
- 相信群體的智慧遠勝個人的單打獨鬥。
- 相信當個人願意為眾人投入心力時，能匯集出群體更大的力量。
- 相信自己的聲音能被傾聽、被看見、被尊重。
- 相信每一個不同都能被帶進團體裡，被接納、被認同、被同理。

資源回收場的打掃難題

美國教育學者格特．畢思達（Gert Biesta）說，學校是一個練習民主的場域，因為在實現民主中，你無法永遠得到自己想要的；因此，我們需要這樣修煉的場合，讓我們在遭到挫折時不會感到沮喪，並且學習在一起生活。

回到台灣之後，我很快遇見第一個班級議題：公民與民主的挑戰。

這週，班級輪到打掃資源回收場；因為要看管全校的垃圾分類狀況，是所有掃區中最讓孩子驚聲尖叫的地方。

班級典型困境：每個人都有意見，但無人願意發言

第一週掃完，班上約半數的孩子在反思筆記裡寫下關於打掃的想法，也表述各樣的情緒和問題：「明明掃地工作還沒完成，衛生股長就讓某些人離開。」「大概是吸太多廢氣，腦袋壞掉了，大家打掃時都會亂玩、愛鬧。」「我們班一直說要團結，打掃這件事卻一點也不團結。」

這樣的事，在過去也許我會直接揪出問題點，快速安排解決方案。但這一次我想先慢下來，把團體的議題還給團體處理，讓學生長出力量，面對自己的困境。

隔週的第一堂課，一進班我就直截了當的問大家：「雖然我有課程進度的壓力，但這週打掃的議題我很想詢問大家的想法，看大家覺得是否需要討論？」孩子都心照不宣的點點頭，但一開始眾人卻沉默無語。

我試著邀請衛生股長發言，但她僅說出幾個模糊不清的狀況後，又陷入一片靜默。

我和孩子坦承自己束手無策，不知道該如何往下進行：

我曉得大家都很在意這件事，但沒有人願意勇敢說出內心的話。如果這件事是我們共同在意的，為什麼一致的選擇卻是沉默？

也許，這是我們習慣在團體中處理事情的方式：有感覺，選擇私下說、背後抱怨或索性不理會。

我猜，選擇不在團體中發言，也許有幾個可能：

- 你不信任這個團隊，說出來沒有安全感。
- 你不在乎這個議題，置身事外。
- 你覺得不會有用，說再多大家也不會改變。

團體製造的問題，還給團體解決

接著，我換了個方式，邀請大家對掃地這件事舉手表示滿意度，十代表最滿意，一代表最不滿意。結果，沒有人認為滿意度達到十或九，滿意度六、七、八的約有半數，另外一半的人覺得只有三到五。

顯然約有半數的人不滿意目前的打掃狀況。我再次詢問，是否可以有人將心中的感受說出來，並循循善誘，告訴他們我不喜歡用點人的方式來處理。如果每件事都需要用點的，那我們什麼時候能學會自主？我可以把一號到最後一號都點完，每個人都發言，但那樣發言的意義是什麼？

團體的氛圍開始改變了。經過一小段時間的發酵，終於有人舉起手，稀稀落落的表述意見。

接著班長耐不住了，站起來收集大家的意見，班上有五、六個人開始參與討論。慢慢的，想法匯集起來，問題漸漸清晰，孩子開始有了對話。

十分鐘過後，討論的漣漪從這五、六人向外散開，又有十位左右的孩子加入發言陣容，多元的聲音互相激盪，幾個解決方案隱約成形，熱絡的意見交換讓整個群體有了生息。

孩子結束討論後，我也和他們分享自己的觀察。我指出在會議的過程中一共看到了三種人，似乎也象徵社會中的三類人。我試著用同心圓從裡到外的順序來描述：

• 帶頭者：目前群體中能夠主動發聲的，就是那五、六個核心人物，他們願意說話、願意帶來改變，不會顧忌自己說得好或不好，他們想要學習領導。

• 呼應者：約十位，能在帶頭者開始帶動發聲後，陸續加入意見。

• 沉默者：從頭到尾沒有發言。表面上看起來有在聽，但不清楚想法是什麼，也不知道究竟聽到了沒有。

我接著說：

不可能所有人都是領頭羊。團體中有帶領者，也有被帶領者，分別都有自己需要學習的部分。

如果你是領導者，你要怎麼說，讓人聽得懂、跟上你的想法？並且用一個適宜、大家願意接受的方式。

如果你是大多數沒有發聲的人，你會如何用自己的方式，讓大家感受你願意參與的心？讓大家聽見你的想法，也讓大家清楚你有保持在線上。

即使是沉默，也會帶著不同的意圖。沉默有很多種，有的是帶有敵意的，有的能讓人感到善意與支持。

一個好的聆聽者，可以有的表現是什麼？例如笑容、回應說好、專注的眼神等，讓說話的人覺得被尊重、被聽見。

讓自己的聲音被聽見

最後，我丟出一個問題：從這五十分鐘的討論中，你學到什麼？我特別指明，要聽見那些沉默孩子的聲音。

此時，每個沉默的結都打開了，讓我看見他們真實的思考：

- 「若不說出自己的意見，沒有人會知道。」
- 「不分享，問題就沒有解決的可能。」
- 「要對話，必須建立在共同理解的基礎上。」

- 「解決問題前要先定義問題，否則只是空談。」
- 「真正在執行時，要有實驗組與對照組。才能看出不同的差異。」
- 「說明較長內容時，可以試著用列點式或視覺化寫出來。」
- 「今天所有的決議，需要繼續追蹤，看看執行之後有什麼改變，再進行修正。」

看著孩子意識到自己身為團體一分子的責任，願意發聲說出心中想法，我內心感動不已。

我想，若是團體中的每個人都將感受永遠留在自己心裡，那我們就無法看見不同心靈和思想串聯的美感，也看不見團體的力量，更看不見團體智慧的展現。

成為公民，需要學習。

能夠開口，需要勇氣。

即使我內心知道，這距離弗龍萊騰小學的班級會議仍有一大段差距，但練習成為公民的時機，不論何時都不嫌晚。期待能有那麼一天，連我在班上的發言都需要舉手等待。

第三輯

看見合作的美麗

遇到任何情況，
都要讓孩子想到：
「不只是我，而是我與我們。」

引發合作該做的五件事

二〇一八年，為期兩週在政大的耶拿教育師資培訓到了中後段，參加的老師體驗了耶拿教育的魅力，內心皆盈滿感動，渴望將歐洲這個流傳百年，但對台灣而言仍新鮮、陌生的方法，融入我們的教育脈絡。

競爭，還是合作？

有位老師丟出一個問題給講師亞普：「台灣教師為了引發動機，常在課堂中讓學生彼此競爭；在耶拿教育中，使用競爭的適當時機為何？」

亞普的臉微微皺了起來，眼窩顯得更加深沉。他說：

學生團體的學習有兩種模式：合作（collabration）與競爭（competition）。老師在運用時，首先必須看使用二者背後的原因。

我認為，只有談到運動時，競爭才有意義；除了運動之外，教育不該存在競爭。

為什麼一個孩子做得比其他人好是重要的？自閉的孩子為什麼要和別人比較？我看不到其中的意義。

講到此時，亞普好像被打到痛處，突然坐了下來並提高音量，愈講愈激動，語重心長的道出無奈：

為什麼要在課堂中競爭？我不曉得，也許你們可以告訴我。在荷蘭，競爭一點意義都沒有，也許這是文化差異吧！

在耶拿教育中，我們不談競爭。

我們維持對學生極高的目標，不是為了競爭；我們讓孩子發展自我，也不是為了競爭；我們鼓勵孩子合作、共同學習，同時引導他們為自己設定高的標準，都不是為了競爭。

我們陪伴孩子發展自己的可能性，挑戰自我，努力達到目標，這就夠了，這也是最重要的。我的想法很簡單，我只希望每個孩子都能快樂學習。

聽了這段話，我內心百感交集，那節下課，我走近亞普，想請他再多說一點。他說：

我剛剛真的情緒很激動，我的願望就是孩子開心、喜歡上學。

我曾經看到很多老師在課堂中用的方式，讓孩子的學習不開心，使他們的成長充滿了陰影。

我認為孩童時期很重要，那是自我發展的關鍵，因此，營造一個快樂學習的氛圍是重要的。

也因為如此，只要談到競爭，就傷了我的心。

沒錯，我相信文化是一個重要因素，在荷蘭與台灣，必定存在巨大的文化差異。也許在台灣，老師習慣了用競爭的方式；但撇開文化差異不談，身為一個人，我們會怎麼看待競爭與合作？

他的回答似乎啟動了我深處的開關，讓我全身打了個寒顫，腦袋中響著轟隆雷聲。

耶拿教育的老師，永遠必須注意到課堂中兩股力量的拉扯：我與我們。每個孩子都在其中來回遊走，找尋自己的立足點。個人在學習、成長，也和群體一起學習、成長，兩面的發展是均衡的。

老師該在班級中營造群體意識，讓孩子知道，每個個體雖然彼此獨立，卻需相互協助與連結。

團體遇到問題時，該讓團體學著自己解決問題，藉由共同討論，思考如何幫助團體更好。因為團體狀態和其中的每一個人有關，老師不必背負所有責任，而是讓孩子學著為自己負責，也為所處的團體負責。

亞普說，遇到任何情況，都要讓孩子想到：「不只是我，而是我與我們。（Not only I, I, I. But I and we.）」

做好五件事，引發孩子合作

耶拿教育不談競爭，只談合作，其中至少五件事可以促發孩子們達到真實的合作。

一、練習一起生活，讓教室成為「學校客廳」

耶拿教育極具特色的一環，就是所有耶拿學校的教室都稱為「學校客廳」（Schoollivingroom）。這個名稱隱含了兩個要素：「學校」，讓孩子學習的地方；「客廳」，一個自在、放鬆的空間。

對耶拿教育來說，學校是社區的延伸，也是孩子練習一起生活的場域；因此，如何讓孩子喜歡來上學至關重要。

在學校客廳中，一切環境布置都由師生共同打造。設計學校客廳有幾個原則：

- 吸引人的布置：乾淨整潔、具備美感，讓人感到自在、溫暖、舒適。
- 站在孩子的角度來思考：在這空間能夠一同說話、工作、遊戲、分享。
- 搭配季節與課程主題：將空間回歸給使用者，貼近孩子的需求。

二、營造互相協助的文化

合作發生的必要前提，就是讓孩子曉得，每個人可以彼此獨立，但需要相互協助。

在耶拿教育中，學生常在協助與被協助的角色間交替輪轉。

「為什麼要彼此協助？」「如何協助他人？」「如何給出真實的協助？」「什麼樣的協助是好的協助？」這些問題都可以帶著孩子共同討論、思考，怎麼幫助團體更好，讓團體自己解決團體的問題，一步一步塑造班級中「願意協助、願意被協助」的文化。

在課堂中，孩子不能只是說「我不知道」或「我只接受老師的幫助」，他要學習更清楚問出自己的問題，也需要學習接受他人的幫助。

老師的角色不再只是解決每個孩子的問題，而是要陪伴孩子運用自己學到的相互教學，因為當能解釋自己所學時，才真正學習到那些事物。

最容易激發彼此協助的方式，就是給孩子一起面對問題的機會。當孩子面對問題時必須一起解決，就會發現合作的重要性。因為在真實的合作中，他們必須對話、討論，展現社交能力。

老師向後站，孩子就可以彼此協助，自主性就得以產生。老師則在背後觀察群體的狀態，若學生能解決問題，就不多加干涉，因為真實的幫助不是直接給答案，而是教孩子解決問題的策略、技巧，讓每個孩子的能力有最大發揮，並訓練學生獨立自主。

三、建立分享的習慣

「分享（sharing）」貫穿了耶拿教育的主軸，也是四大支柱：說話、工作、遊戲、分享之一。

在一天課程的開始與結束，耶拿的老師都會讓孩子圍成一圈，看見彼此並分享喜悅和成果。一早的圍圈（opening circle）是歡迎、打招呼，簡述一日課程；放學前的圍圈（evaluation circle）是分享所學，檢核目標完成度。

分享是身而為人再自然不過的一件事；然而，分享也是個人性的，每個生命都該有自主選擇分享與否的權利。

即使耶拿的老師希望孩子分享，卻不會強迫，因此，當一個活動或課程結束後，老師要激發孩子的分享意願，創造一個樂於分享的氛圍。

合作的一個關鍵要素，就是分享；透過分享，群體可以凝聚，也學習尊重說話的人、看見不同的價值觀、接納彼此不一樣的可能性，並從他人的生命經驗中學習與成長。

在研習中，亞普老師舉了一些自己教學時引導孩子分享的實例，並說明分享的重要：

- 只要當天有小孩生日，我就會在班上慶祝，讓孩子彼此分享。當孩子被注意到，就會覺得自己是重要的。
- 班級中曾經有一位不會讀句子的孩子。當他在班上終於說出第一句話時，我們就停下手邊的課程，開始慶祝、分享。當孩子成功達到某件事，即使很微小，我們也該注意到。要留意孩子每個喜悅的瞬間。
- 曾經有個孩子的兔子過世了，她在班上說了一段兔子的故事，大家覺得很難過，一同紀念兔子的離去。分享不總是開心的事，我們也可以用哀傷的方式彼此分享。
- 有一天，一位孩子談到生病的母親，所有孩子一起感受他的悲傷，班級因此而凝聚。

四、靈活運用教室空間

在耶拿的教室裡，老師總是依據課堂的需要，靈活安排桌椅位置，讓孩子進行個人任務、分組互動或全體指導，使教室成為有機流動的學習空間。

- 個人的任務：讓孩子可以學習規劃時間，自主學習。
- 兩人一組的方式：讓每個人有機會和不同人說話。在團體中，有些人會不講話，但分成兩人一組時，就有說話的機會，也比較有安全感。
- 兩人以上的分組：從一人、兩人，慢慢延伸到多人一組，孩子練習與群體互動，引導他們彼此幫忙，在組內互相討論。

講師亞普提醒，在教室分組、互動時，需注意三件事：

- 音量的拿捏：每組在同一個空間內獨立運作，不干擾彼此。
- 「我」與「我們」的轉換：課程的進行，常在個人與小組間切換，二者多元交織。

• 老師的角色：從上對下的教導，轉換成陪伴、下指令、引導討論等。

左頁這張圖，說明了教室使用的幾個可能性，大的長方形代表桌子，小的長方形代表教師，小圓圈則代表學生：

①左上：教師在一個島桌旁陪伴、觀察學生的互動，其他島桌各自進行討論或獨立的任務。

②左下：教師和部分孩子圍成一圈，直接進行指導，其他島桌的孩子獨立作業。

③右上：全班孩子圍成一圈，教師共同帶領分享、討論。

④右下：教師在一個島桌進行指導，其他孩子則進行各自任務。

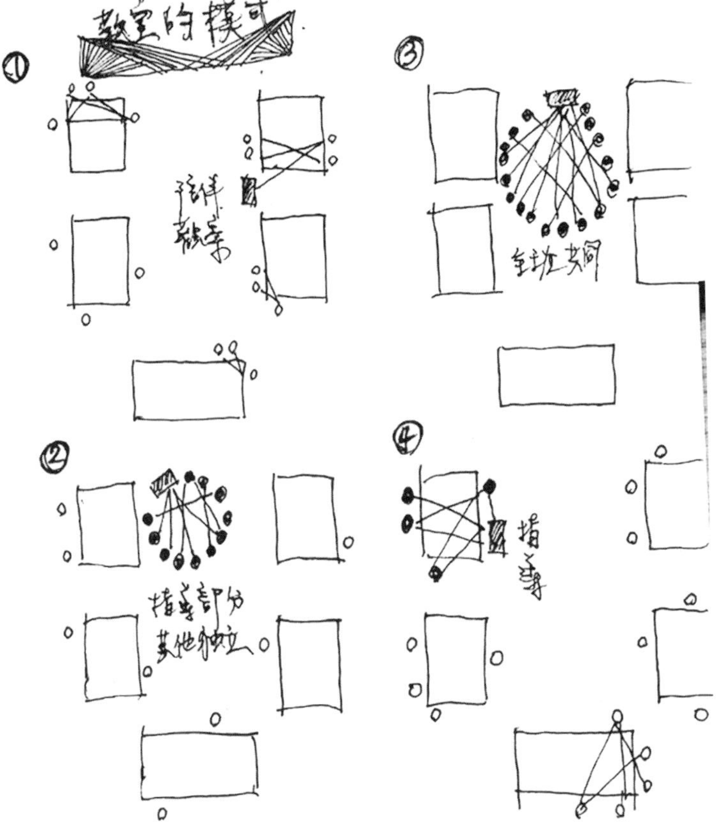

大的長方形代表桌子，小的長方形代表教師，小的圓圈則代表學生。

五、勇於面對衝突，讓小組確實運作

分組是耶拿教育中常用的學習模式，多數時間都是以分組的方式進行。因此如何適切分組，妥善處理分組時遇到的困難，就是老師的一大挑戰。好的分組，讓學習加成；不好的分組，只是形式上的應付。談及分組的講究，以及如何面對衝突，講師亞普累積了豐富的經驗，並分享幾個建議：

- 讓孩子理解分組的目的：分組是為了讓孩子對話，學習社會互動的技能，老師必須先催化孩子分組合作的意願。
- 思考讓組別運轉的組合：在分組前，思考什麼元素可以讓團體運作，若明顯有幾位小孩不合，就該避免編在一組。小組不僅得目標一致，也得共同完成任務，不是明知會有衝突還放在一起；所以老師一開始就得掌握孩子的狀況。
- 衝突時先尋找問題根源：衝突發生的第一時間，老師要先理解背後的原因。是因為對課程不感興趣？還是個性不合？老師該問自己：「孩子們需要我為他們做什麼？」

- 不輕易以換組或處罰來解決問題：當孩子想換組時，我的建議永遠都是「繼續留在組裡」，因為合作不總是愉快的。不要輕易換組，因為那是太容易的解決方式，孩子也不會有所學習。若要處罰，則要認真思考，因為所有處罰都是為了幫助孩子成長。
- 自己的問題自己解決：合作發生問題時，老師先不跳出來，先讓孩子試著解決；引導孩子尊重彼此立場，理解對方，創造他們的解決方案。
- 老師該處理衝突的時刻：若孩子無法解決，老師就該陪伴處理，和孩子一起達成結論與協議。然後觀察一段時間，評估後續的合作狀況。
- 不斷尋找新方案：一開始沒有人知道協議是否會成功，這是正常的。若一段時間後評估仍未改善，表示三方（包括老師）都做了錯誤的決定，就得繼續尋找新方案，甚至邀請全班一起討論解決方法。
- 目標不因衝突而結束：若發生衝突，孩子的計畫會暫時被打斷，但事後仍必須完成他們該做的任務，因為達到起初的目標是重要的。

研習的某一天，亞普將耶拿教育核心近八十點的要素剪成紙片，散落在矮凳上，讓我們一張張抽出。

亞普說，抽出來之後，若符合自己觀點，未來也能落實在課堂中，就收著紙條，繼續拿下一張；若不符合，則放回去，再拿另一張。

我挑了一張很棒，卻又挺弔詭的一句話：「為了平等對待孩子，他們每一位都被不同對待。（To treat all children equally, they are treated differently.）」對我而言，這是英文版的「因材施教」，也是我心中價值觀的首位。

不用生命比較生命，而是看見孩子的差異性，柔軟、有彈性的陪伴每個不同，讓他們在群體中學習互相合作，將每個不同交織成一片美麗而充滿生機的錦繡。

這，就是我眼中教育的本質。

超越「分工」的合作

每次在班上看見難以融入群體、分組時靜靜坐在一角、被其他同學調侃稱為「邊緣人」的孩子，我都會想起自己高三時的一位同學，和他那令人難忘的背影⋯⋯。

高中的最後一年，我坐在教室正中間那排、前方數來第二個位子。我的前面（就是所謂老師口沫橫飛的高危險區）坐著一個男生，眼睛尖細得像復活島上的巨石像，後腦勺的頭髮總是理得整齊服貼，然而，他的名字是什麼，我卻毫無印象。

毫無印象，不是因為時間久遠，而是在如火如荼準備聯考的那一年，我沒有和他講過任何一句話。

在我的印象裡，他也極少與班上任何人說話。他就是一張木然的臉孔，這樣寧靜、不占空間的存在。

一整年的上課，我盯著他靜默的背影。他靠我如此近，每天無數次的錯身、相遇，卻可以和我、和班上所有人，甚至和老師一無交集。

如今想起來，我有些氣自己一次次壓下感受，沒有去簡單打個招呼，或者嘗試拍拍他的背、與他攀談。我和其他同學一樣，只是埋首在守住自己的未來，即使這個未來，是需要擠進窄如針孔般的縫隙：「好好讀書，好好準備考試，才有好的學校等著你。」

這樣的孩子，在以考試為標竿的教育體制下，不曉得有多少。他們的聲音埋藏在巨大、冰冷的系統下，不被重視也不被珍惜。而學校似乎也默許這樣的事發生。在所有的課堂中，少有一堂教孩子如何合作、說話、討論、創造共好。

合作需要被重新定義

二〇一六年，芬蘭推出了新課綱。原本就相當注重合作的芬蘭教育，再次定義了合作。其中值得注意的是「合作」這個字詞的改變，新課綱以「Collaboration」取代原本的「Cooperation」。

兩個字都是合作，但 Cooperation 著重的是與別人一起做事，相互配合完成工作，有點像是中文的「分工合作」。新的 Collaboration 有著更深層的涵義，強調與他人的連結，在關係中學習承擔責任、尊重他人、看見彼此的特長，協同共創、達成目標。

合作，不只是把事情拆分成不同的區塊，最後拼湊在一起，因為那只是各做各的。這樣，三個臭皮匠永遠勝不過一個諸葛亮。

合作，是將個人的意識和團體的意識放在一起，彼此有許多互動、尊重與理解；合作在於關係的建立與處理、團體動力的凝聚、衝突後的對話，並找到一個值得共同努力的目標。

這幾年在彼得思教育中帶著孩子學習合作，在實踐中我漸漸摸索出，合作時如果能具備兩個概念，會讓過程變得十分不同。

一、超越「分工合作」

「這之前就已經分好了，不是你該做的嗎？」

「我們都完成了自己的工作，為什麼只剩你還沒完成？」

前面這樣的對話，很常在合作時出現。當大家聚集在一起做事，我們常會說要「分工合作」，但就我個人的觀察和經歷，大致體驗到關於「分工合作」的四種狀態：

•不分工，不合作

沒有負責人，該做的事散落一地，沒人抓進度、追任務，也沒人知道自己該做什麼，別人又該做什麼。若有人做事也如無頭蒼蠅，見一個做一個，整個團體呈現空無、一片混沌的亂象。

• 分工，不合作

一開始氣勢如虹，大家七嘴八舌把所有事情討論得清清楚楚，饒有興致；好不容易共同建構藍圖，每個人也清楚自己的角色。待塵埃落定、要捲起袖子做事時，大家卻從此井水不犯河水，不溝通也不協調，各自埋頭苦幹、建造自己的象牙塔。

• 不分工，合作

團隊裡的眾人皆一頭熱，想把事辦好，花了無數時間討論、協調，結果每件事都被每個人重複做了一次，大家累得昏天暗地、苦不堪言。重複做工的下場，到最後沒人知道該做什

麼、該聽誰的、誰說了算。

• 分工，合作

工作前的分派井然有序，了解彼此的特長、缺乏，也明白合作時的限制。工作進行時都願意彼此協調、對話和補位，適時提出需求，適時伸出援手，適時回報進度，大家清楚自己的角色定位，也能敏銳察覺團隊現況，在對的時候做對的事。但是這樣的團隊，十個裡面有沒有一個？

一封給團隊的信

有一年學期的最後一天，學生即將換班。我抓住最後機會，帶著孩子前往圓山花博廣場，冬日的豔陽讓我們的笑容顯得更加燦爛。

在每位學生述說了對彼此的感謝和回饋、紀念一同走過的時光後，我和他們聊到「分工合作」的四種狀態，並且朗讀了一封長信，鼓勵他們面對未來的自己：

「我們是一個團隊」，這是我說到嘴破的一句老話。然而，從很多的事情我觀察到，你們真正的狀況卻像是群雄割據，各自占地為王。

因為自主，你們選擇和自己喜歡的人在一起，不知不覺，這些小團體用言語鞏固自己。小團體之間雖然有往來，但是稀稀疏疏、若有若無，有時還擦槍走火，掀起小型戰爭。

其實，你身旁的那些人，永遠都不會是你的敵人；事實上，在我的認知裡，永遠沒有敵人，除非你自己把那個人看成是敵人，拒絕去同理、了解對方的感受。

是的，你們可以對自己小團體發生的事很熱中、高度參與；但對其他的團體，甚至對整個班級，有時候你們是冷漠、不關心、自我中心的。

即使你們總是能完成班級性的任務，但我看見的只有分工，很少合作。我想說的是，我希望你們都能夠看到一個「更大的遠景」（Bigger Picture），看見合作的重要、團體的美麗，讓自己的視野更為寬廣。

這段時間，我看到你們在合作時，至少會出現三種人。

第一種人，不管遇到誰，不管進入哪個團隊，都始終如一的擺爛，別人遇到他只能在心裡瘋狂OS，希望下次不要再遇到他。

第二種人，自己做自己的事，埋頭苦幹，只想把自己的工作完成。

第三種人，看見團隊，看見團隊中的每一個人。他做事的時候能察言觀色，不只做好自己的事，也能顧到身旁人的感受。

我要問一樣的問題：你想成為什麼樣的人？你覺得哪一種人在未來進入職場時比較容易成功？如果有一天你成了老闆，你會雇用哪一種員工？

我知道這些話對現在的你們而言，可能有些遙遠、有些難懂，也相信你們需要時間來消化。

馬上要換班了，你們會面對新的老師、進入新的課程，有許多未知的精彩在等待著你們。所以我鼓勵你們，把恐懼線再往外推移一些，去與人合作、對話，學會與不愉快共處、與壓力共存、與暴走共度，嘗試跨出舒適圈，找到一加一大於二的祕訣。

二、讓不同風貌的人自在做自己

有一年，當選校慶企劃的學生團隊很有氣度與包容力，他們知道自己的不足，自願跨越班級的框架，吸納另外兩組落選的人才，讓一個多元團隊得以成形。

那年的校慶，即使過程中有好多挑戰，但這個堅強的陣容總是能找到解決方案，鼓足力量前進。這個經驗也讓我發現，一個好的團隊需要足夠的多樣性，讓不同風貌的人可以自在做自己。

這樣的團隊，需要有具影響力的領導者、善於觀察的思考者、天馬行空的點子王、顛覆傳統的革新者、能言善道的說服者、凝聚團隊的連結者、能換位思考的人、腦袋清楚能分析記錄的人……好的合作，就如同一個身體需要不同的器官共同運作、相互搭配：

- 耳朵：懂得聆聽、吸納多重觀點。
- 眼睛：有眼光，明辨是非，富觀察力。

• 手：有推動事情向前、肯做敢做的魄力。
• 肩膀：有擔當，扛得住整個世界。
• 腳：執行的效率、橫衝直撞的膽量。
• 鼻子：敏銳聞出團體氛圍，吸入養分吐出廢氣。
• 牙齒：咀嚼、反思，讓事情不會船過水無痕。
• 腦袋：細膩理性的思維，組織整合統御，還有珍貴的想像力。
• 嘴巴：能說服、協調、鼓舞、推動。
• 心：能體察、同理，用感性融化木石。

缺乏了任一個部位，就少了那麼一點和諧。

沒有人可以全知全能，團隊必須清楚每個人的亮點和不足，將資源最適切的分配，讓人站在該站的位置。因為站錯了點，怎樣都覺得彆扭。

被遺忘的學生

那年校慶辦完的當天，我走出校門時，偶遇了學生團隊中的小琳。在合作的過程中，小琳常是輔助的角色，較為沉默寡言。

我自然走過去和她聊兩句：「我覺得自己比較少和你說話。你會不會覺得我很少肯定你呢？」她半開玩笑說：「反正我習慣了。我會覺得自己很多事情沒做好，似乎讓你很不滿意。」

聽到這裡，我感到相當難過，並開始認真思考這段時間對她的觀察，發現她最大的特質，就是默默補位的能力。她常看見被漏掉的事物，扛起來並解決它，例如大會相關的表單、文件，都是經過她的設計；當需要自願者時，她也總是爭取協助的機會。

之前錯過肯定她的機會，但這次我要把握！於是告訴她：

> 你不是明星，但你把明星推向了舞台；你是系統中不容易被注意的地方，但系統沒有你不行。

你常常奔波在各組穿針引線、提供建議，貢獻了很多心力，花時間陪伴大家，也不求光鮮亮麗的掌聲。我覺得這個團隊有你真好，這世界也需要更多像你一樣的人。

她很訝異平常少跟她說話的我竟有注意到她，而且一開口就說了這麼多。最後，她充滿喜悅和感動、腳步如風的離開。

看著小琳的背影，我想起愛因斯坦的話：「每個人都是天才。但假若你以爬樹的能力來評價一條魚，牠永遠會相信自己是個笨蛋。」我很慶幸離開前遇見小琳，說出深埋多時的話，讓她明白自己也是不容忽視的「天才」。

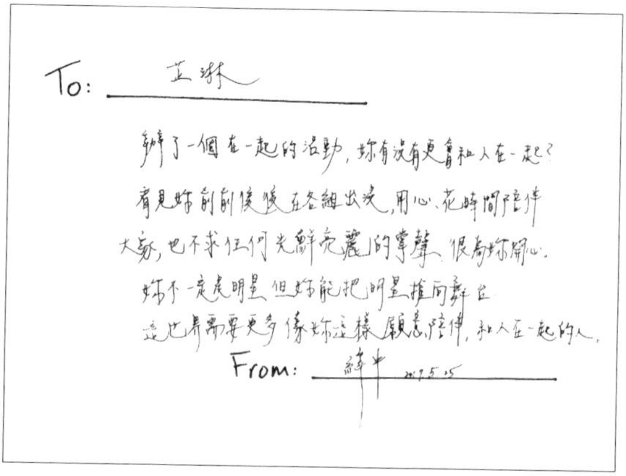

To: 芷琳
辦了一個在一起的活動，妳有沒有更會和人在一起？
看見妳前前後後在各組出沒，用心、花時間陪伴
大家，也不求任何光鮮亮麗的掌聲，很為妳開心。
妳不一定是明星 但妳能把明星推向舞台
這世界需要更多像妳這樣願意陪伴，和人在一起的人。
From: 緯中 2017.5.25

讓孩子不再被忽略

看見分工合作的四個層次，並讓不同風貌的人展現長才，是我認為真正讓合作運轉的關鍵思維。

回想起我高三的那位同學，我在心裡悄悄做了承諾，對自己及未來所有可能走進我課堂的孩子：我不允許在自己的班上，再有這樣的孩子存在。只要遇見這樣的孩子，我就會和他對話，也陪伴他去和人對話。

我希望我的學生活得像人。而人的本性，就是與其他人產生交集，渲染出一層又一層意義交疊的漣漪。

像人，能自在與人交談，建立自己的人際圈；像人，能看見彼此的好，接納彼此的不好，並創造共好；像人，能將散落的智慧融合在一起；像人，能暢談、爭執、道歉、分享，用合宜的言語傳達內心的愛恨喜憂。

帶孩子合作前，老師要先學會合作

二〇〇九年，美國經濟跌落谷底，邁克（Mike）和戴夫（Dave）兄弟與他們的夥伴法比安（Fabian）毅然辭掉工作。

他們腦中沒有下一步的工作規劃，只有滿滿的能量、飽脹的情緒與奔放的想法。整個夏天，三個人坐在舊金山聯合廣場的階梯上，討論、激辯、思考，寫下他們的熱情和夢想，共同定義成功的價值。

最後，他們知道自己要的，不是創造一間冰冷、空洞的公司，而是能每天迸發熱情的團隊。他們想創立一間符合自身理念，也對地球有正向影響力的公司。他們公司後來所設計的T恤，不僅機能性高，更做到對環境永續性的維護。

那個夏天所寫下的文字，成了天天提醒他們不忘起初的理念。這些文字也成為著名的「霍斯堤宣言（the Holstee Manifesto）」[1]，影響了無數不為現實屈服的夢想人。

這三位年輕人不是先埋頭做事，再談願景；而是先將共同願景談得通透了，再開始做事。

這樣的概念和一般認為的合作相反，許多人做事前不談願景、不談價值觀，而是直接進入分工與細瑣的事務中。

教師團隊建立的五步驟

開平餐飲是一所奇妙的學校，老師帶著孩子學習合作，我們自己也得先學習怎麼合作。

有一年，在開學的前兩週，老師的人力經過天翻地覆的調動，行政事

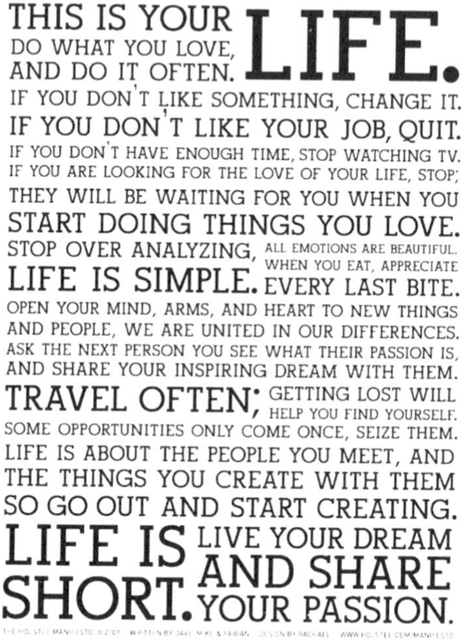
THIS IS YOUR LIFE.
DO WHAT YOU LOVE, AND DO IT OFTEN.
IF YOU DON'T LIKE SOMETHING, CHANGE IT.
IF YOU DON'T LIKE YOUR JOB, QUIT.
IF YOU DON'T HAVE ENOUGH TIME, STOP WATCHING TV.
IF YOU ARE LOOKING FOR THE LOVE OF YOUR LIFE, STOP;
THEY WILL BE WAITING FOR YOU WHEN YOU START DOING THINGS YOU LOVE.
STOP OVER ANALYZING, LIFE IS SIMPLE.
ALL EMOTIONS ARE BEAUTIFUL.
WHEN YOU EAT, APPRECIATE EVERY LAST BITE.
OPEN YOUR MIND, ARMS, AND HEART TO NEW THINGS AND PEOPLE, WE ARE UNITED IN OUR DIFFERENCES.
ASK THE NEXT PERSON YOU SEE WHAT THEIR PASSION IS, AND SHARE YOUR INSPIRING DREAM WITH THEM.
TRAVEL OFTEN; GETTING LOST WILL HELP YOU FIND YOURSELF.
SOME OPPORTUNITIES ONLY COME ONCE, SEIZE THEM.
LIFE IS ABOUT THE PEOPLE YOU MEET, AND THE THINGS YOU CREATE WITH THEM SO GO OUT AND START CREATING.
LIFE IS SHORT.
LIVE YOUR DREAM AND SHARE YOUR PASSION.

著名的「霍斯堤宣言」。

務、人力分工都還沒安頓下來，更沒有時間討論下一學期課程的進行。這對彼得思教育的老師來說相當恐慌，因為我們每天的合作是緊密的，要一同備課、彼此支持、陪伴學生。

然而，我們做的第一件事，卻不是立刻安排工作。

安排工作很重要，但更重要的是處理人心的不安定：躁動、不安、焦慮、對未知的惶恐，該如何凝聚這樣的兵荒馬亂？

第一步：知道為何而做

我們先做的事，是讓二十多位老師先圍聚一圈，靜下來談談彼此的想法與對合作的期待。事實上，每當建立新的團隊，我們都會先共同勾勒對合作的想像。為什麼要做這件事？這對未來的合作有什麼實際的幫助？

在談願景前，我們會先確立談願景的目的，因為一開始若談清楚了，就知道每個人的底線，也清楚在會議中決議的事就得執行，馬後炮的情況不容易出現。讓大家清楚談願景背後的原因，回到深度的核心價值，而非為做而做。

第二步：確認合作的意圖

知道為何而做之後，接著要談論的就是合作的意圖。沒有意圖，就無從合作。

在這個階段，我們透明化彼此的狀態，看看大家是否都準備好要開始合作，或者根據過去合作的經驗，想想現在內心有無芥蒂與擔心。我一反平時悶騷的個性，說出上個學期的合作經驗中，覺得某位夥伴沒有和我站在一起舉辦學生的成果展。

對方的回應讓我印象深刻。她說我的感受是相對的，因為她也沒有感覺到我有想合作的意圖，她曾幾次提出建議，我並沒有聽進去，讓她覺得我一意孤行。

原來，當我感受不到對方的合作語言時，卻沒注意到自己未先釋出合作的氣息。

若團隊願意透明化每個人對合作的擔憂與狀態，那麼距離好的合作也不會太遠了。

第三步：一起述說團隊故事

接著，我們以一種說故事的方式，共創新一年的團隊樣態。

我們運用一套有名的牌卡：OH卡，各自抽了一張牌，用故事接龍說了一個未來一年的團隊故事。故事中，有挫敗跌傷的、有扶持安慰的，也有長出力量的。

- 抽到火爐的夥伴說：火爐是房子的心臟，而我們的這一年，內心也將充滿熱情。
- 抽到引路者的說：無論再怎麼黑暗，都能手持光明往前走。
- 抽到鏡子的說：學生就是老師的鏡子，我們會做好示範的角色，引導孩子往前。
- 抽到小丑的說：偶爾還是要放下身段，自娛娛人，讓大家露出笑容。
- 抽到烏龜的說：即使工作繁重，重擔如同烏龜的殼，未來一年不管再怎麼緩慢，我們依舊會前進。

團隊的樣貌，好像浮於河面的河馬，一開始只約略見到眼睛和鼻子，在大家對話和論述的過程中才逐漸曉得：原來牠的頭是這般笨重、背上的厚皮是這般粗糙、圓柱般的腳又是這般厚實。

透過故事，我們共同調頻，進入對團隊一致的想像。

第四步：建立共同對團隊的期待

以抽象的故事進行情境模擬後，接下來就是每個老師用具體的語彙，說出自己覺得一個理想團隊所需具備的特質。透過腦力激盪，我們一起彙整，也相互論述諸如尊重、效能、信任等語詞背後的價值觀。

此時，一段插曲激起大家的討論。在彙整團隊的期待時，有老師提到信任是重要的，但另外幾位夥伴勇敢說出自己還無法全然信任彼此，但清楚信任是一種期許。信任不是理所當然的存在，必須努力爭取，是在合作的摸索中建立一次次的默契與放心，然後或許才有一點點的萌芽。

經過近一個小時的激烈對話，我們以黃金圈法則（Why、How、What），由內而外呈現出最後的團體智慧：

- Why：核心價值（創造、成長）。
- How：如何做（尊重、主動、透明化、支持、補位）。
- What：達到的結果（效率、快樂、正向）。

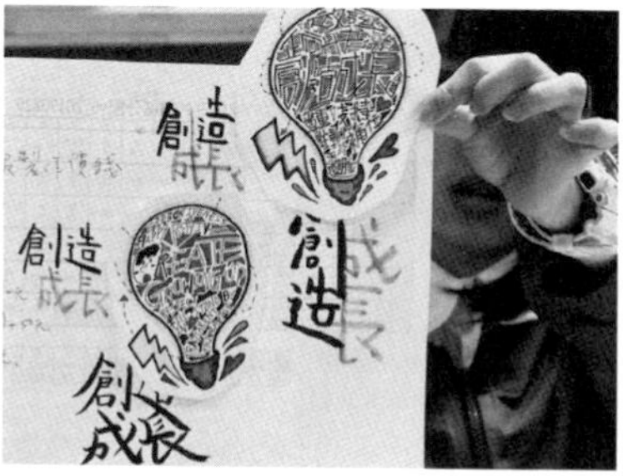

確認對團隊的願景是重要的，如果達到共識，就繼續走下去；若是不同，就必須好好對話，直到一致為止。

團隊的願景一致後，其餘的都只是操作手段。執行時，操作手段若有不同，就該讓執行者放手去做，其他人只給提醒與溫和的建議。

第五步：將願景和期待化為具體約定

最後一步，就是將這些期待與願景，轉化成具體的約定與界線。若團隊重視的是準時，那我們怎麼共同守護這條界線，例如晚到需要事先回報，無故遲到者請大家喝一杯飲料等。

合作，是建立在清楚的約定和界線上。沒有範圍、沒有界線，就沒有責任。當我們把界線界定清楚，並共同尊重這條底線後，才能開始談合作。

老師不要單打獨鬥

二〇一八年，我參加政大的耶拿教育研習，赫然發現國外的創新教育也相當注重教師團隊的建立。

荷蘭的退休校長亞普分享，耶拿教育的教師團隊從不單打獨鬥，而必須建立共同成長的團隊。在耶拿的校園中，不只學生學習一起生活，老師也要學習一起生活。亞普接著說：

老師不是教室裡的王，也不是一個人決定一切；老師遇到的問題不是個人的，往往都是共同的，因此，老師之間需建立相互討論的習慣。在耶拿教育裡，合作的不只是學生，更是老師。在課程設計、個案討論、活動舉辦、反思檢討時，耶拿的教師常聚在一起。

當老師，不是「我」做「我」想做的，而是「我們」做「我們」想做的。（Not I do what I want, but we do what we want.）耶拿教育中，沒有所謂一個人的真理，學校裡沒有國王，我們是一個團隊，而且這個團隊必須成長。

團隊要成長，必須有安全感，讓不同的意見、感受被說出，這是團隊成長的要素。

教育，原本就是一條艱辛的上行之路，若再加上孤獨，將會是多麼的悲慘與寂寥。

在談完團隊約定後，有位老師私下找我，語帶擔憂表示這是他的第一年，怕自己可能會做不好。我對他說：「是的，我們一定無法做到滿，但我們的心是滿的，並嘗試做到自己的最好。」

透過團隊建立的過程，大家盡情表達、共同創造，即使開頭多花了些時間，卻讓後續的合作與彼此的心更靠近，也更有默契！

1 《霍斯提宣言》全文：

這是你的生命。
做你愛做的事情，並且經常去做。
若你遇到不喜歡的事，改變它。
若你不喜歡你的工作，辭掉它。
若你感到時間不夠，就別看電視了。
若你正尋找生命中的摯愛，請停下來；因為他們正在等待你，只要你開始做你所愛的事。
不要精打細算，鑽牛角尖，因為生命是單純、簡單的。
所有的情感都是美麗的。
不管吃什麼，享受最後一口。
敞開你的思想、雙臂與胸懷，迎接新的人、事、物；因為差異，我們才緊緊相繫。
詢問下一個你遇見之人的熱情所在，並向他分享你的夢想。
經常旅行；迷路反能幫你尋回自我。
許多機會只會拜訪一次，抓住它。
生命是關於你所遇見的人，以及你與他們一起創造的事，所以跨出自己，開始創造。
生命很短。
快實現你的夢想，分享你的熱情。

我們那場壯烈又輝煌的第一次合作

我們都知道合作的重要性。但合作可以怎麼學？又該怎麼教？合作的學習，不是一蹴可幾的神話，而是經驗的累積，無數次的做中學、錯中學。

在彼得思教育中，我們在校園中營造微型社會，讓孩子可以放膽探索自我，與其他同學激盪、共創。透過多重交織的合作，孩子嘗試扮演團體中的不同角色，他們可以是領導者、統整者、點子王、記錄者、默默做事者、觀察者……無論是哪一種，都有機會成為最好版本的自己。

你想學什麼？

開學後數日，我走進教室，以一種不尋常的方式開場。我突然問這群剛從國中畢業的孩子：「如果可以由你們決定，你們想在學校學到什麼？哪些能力或知識是你們真的想學習的？」

霎時，他們一動也不動，眼睜睜望著我，彷彿我是滿頭蛇髮的希臘女妖美杜莎，而他們是不小心直視我雙眼而變成的石像。

明明孩子是學習的主角，但學習好像從來不關他們的事，都是老師、父母說了算。如今，我忽然期待他們發聲，他們卻默然不語，一晌找不到自己的聲音。

和石像溝通未果，我只得作罷，請他們先思考，隔些日子再問。一段時間之後，我再次詢問孩子，這次，他們總算想清楚了。下一頁的文字雲是他們給我的答案。

字體愈大，表示愈多人想學，例如「說話」，竟有超過二十多位孩子想要

說話
領導
合作
人際相處
電腦能力
自信
自主
交女朋友
交朋友
人脈
表達
溝通
反應能力
運用資訊產品
讓人感覺輕鬆
用別人的觀點想
舉辦活動
時間管控
懂得尊重
個性放得開
用頭腦做事
自我調整
讓自己有用
跟不同人合作
不怕丟臉
情緒掌控
勇敢
守時
團隊
統整
上台
脾氣
企劃
規劃
管理
簡報
人緣
包容
會做事
互動
交際
推銷自己
跟老師相處
專業的資訊
品行好
責任感
信念

學習。而關於合作與軟實力，諸如人際相處、領導、人脈、交朋友、溝通、交女朋友、互動、管理、企劃等，更是占孩子渴望學習的大宗（注意到左下方的「交女朋友」了嗎？孩子果然還是很誠實啊）。

仔細想想，這不就是畢業後在社會中所需要的能力嗎？不就是不管在哪一種版本的未來，都必定有用的能力嗎？

你想怎麼學？

孩子發想了想學的能力之後，下一步呢？

在開平的期中考，我們拿掉傳統的紙筆測驗，用舉辦「期中檢核」活動的方式，進行超越學科的統整，讓多面向的孩子能找到發光的舞台。

於是，入學不到三個月的一年級孩子就要把學校變成巨大的博覽會場，以簡報、展覽、表演、導覽等方式展現他們所學。

從自身渴望學習的能力為起點，他們開始形成不同的工作組別。喜歡說話、上台的，擔任簡報組；想要領導、管理的，爭取企劃組；想學溝通、交朋友的，到公關接待組。

這是一項艱鉅的任務，他們得凝聚全年級的力量，共同舉辦一個活動，展現給老師和家長。他們興高采烈，單純的眼神裡透露著期盼，這是他們掌握學習自主權的第一個里程碑。絕大多數的孩子完成了個人的目標，在自己想學習的事上充滿成就感。

但說到這個第一次大規模的合作經驗，他們卻遭遇了深沉的挫敗感。所有對自主學習的美好想像，一進入合作現場就發現了現實的殘酷。從傳統教育上來的孩子對合作毫無經驗，不僅資訊傳達不清、承諾的事無法做到，場地圖、動線圖、流程圖也一團糟，計畫永遠趕不上變化。他們彷彿撞入了幽暗的叢林，迷亂而找不到出路。

活動仍然蹣跚、艱難的完成了。也許在外人眼中，這是場華麗、成功的展演，許多家長看見孩子的自信也感動莫名；但核心規劃的孩子知道，完全不是那麼一回事。

幾位負責活動的孩子經過這次打擊，決定以後都要當「水蛭」（靠專吸他人的血為生），立志絕不再當領導角色。然而，也有幾個同學因為活動認識彼此，找到合作的夥伴，也多了位好朋友。

隔天，各班的學生組長與老師聚在一起，聊聊這次活動的體會與感受。結束前，我和他們分享：

謝謝你們願意承擔，直到如今，仍願意坐在這裡。

才經過第一次活動，有人說信心被徹底摧毀，玻璃心碎滿一地。然而，即使很受挫、很不滿意、很沒有成就感，但並非沒有學習。

深度的合作讓你認識身旁的人，更重要的是認識自己。你看見自己原來是這樣的一個人，如此玻璃心，幾句話就喪失信心、淚流不止；這麼懦弱，連面對困難的勇氣也沒有；多麼拉不下臉，不想承認自己的失敗與脆弱。

因為願意承擔，你曉得了一個活動可以難成什麼程度；知道自己的腦子多難使喚；清楚合作有這麼多魔鬼般的細節；了解領導者的角色四面受壓的難處；知道自己（也許）是多麼的軟爛。

知道，總比不知道好。清晰的洞見，本身就是一種超越。

重點是，知道了之後，你未來會怎麼做？重新再來一次時，你會有什麼不一樣的選擇？是手發軟、心怯弱，腳步緩緩向後退卻？還是即便曉得將會體無完膚，仍義無反顧往前走？

請重新回想自己當初的目標，那起初想要挑戰擔任組長、領導者時，內心狂跳的悸動，以及渴望成長、想要改變的決心。

最後，我想要送你們一句另一位老師對你們的回饋：「不敢說成功，但我們一起完成了一件很棒的事。」

合作是什麼？

經過了一個週末的沉澱，緩緩收起挫敗的情緒，隔週，我們又重新聚在一起。我邀請每位孩子都開口，說說經過這次的經驗後，他們認為合作是什

活動中，各班負責規畫的同學們，在一次次的會議中彼此討論。

麼。他們思索了一下，表達了自己對於合作的想法：

- 是找到爭吵與和平之間微妙的平衡點。
- 如同一個鐘錶，每個零件都必須在自己的位置，與其他零件磨合。
- 是互相交換意見，理性溝通，一定要有人反對，這樣才能有更好的方案，也能試著有邏輯的說服別人。
- 目標和共識一致，一心想著能為團體做些什麼。
- 讓我們的心凝聚在一起，達成更大的效益。
- 是一個可以控制大局的領導者和一群團結的人互相吸收意見，把意見轉為實用的東西。
- 每個人會的很不一樣，但聚在一起完成共同的事。
- 就是和一群人一起討論、吵架，實際去操作，在錯誤中找到正確的，在吵架中找到一個合理的平衡點。
- 人人都要出一點力，才可以把一件事情做得完美。

- 大家藉由溝通，讓自己的資訊向四面八方流通，不因為自己而害所有人進度受阻；將自己的想法提出，也把別人的想法聽進去。
- 自己需要幫助，一個人或一個組做不來時，不默默承受；不是只將自己的事情做好就好，而是能夠協助別人。
- 每個人都是重要的，每個人做一點，加起來就會變得更好。

我驚訝這群十五、六歲孩子這番深刻的體悟，對他們來說，合作已不再是空泛的理論，而是出於經驗的娓娓道來。述說的過程彷彿是一種療癒，他們彼此支持、互相安慰，眼中又重新出現光芒。

真實的合作，通常能讓我們露出本性；那是一種殘酷的揭露，是無法躲避的襲擊。關於合作，我們都還願意承擔，但也曉得，還有好長、好長一段路要走。

衝突：合作中的必要之惡

在創新教育擔任教師，我常問自己一個問題：「孩子為什麼非要到學校來不可？他到底可以從學校帶走什麼？」

現代的學生在網路上所能找到的知識，也許遠比在課堂中聽老師教導的知識還要廣、博、精、深。一個會運用關鍵字，並具備一些英文基礎的孩子，可以找到世界最頂尖的教授授課現場，可以找到任何一門從基礎到進階的專業教學資源。

既然如此，孩子來學校幹嘛呢？

我想，其中一個螢幕無法取代的，也許是人與人最真實的接觸。當一個孩子的欲求，和另一位的欲求交錯在一起時，老師可以如何陪伴他們面對？

彼得思教育的創辦人夏惠汶院士曾說：「中國人害怕衝突，總是追求以和為貴、不傷和氣，退一步海闊天空。但在課堂中我們歡迎衝突，因為衝突讓學生有機會成長。然而，衝突如果不尋求和解，一定是雙輸，必須找到源頭處理。」

在「害怕衝突」文化脈絡下成長的孩子，成了大人之後，平時生活不易說出內心的感受，習慣壓抑不愉快，直到情緒滿漲到無法克制，才來個火山爆發式的毀滅性衝突。

因此，我常在課堂中創造各樣合作、互動的機會，讓孩子的真性情展現出來。

衝突，顯示出意見不一、團體間出現矛盾。在合作時，有時我會刻意誘發衝突，讓學生透明化，說出內心的想法。我期待讓孩子曉得，發生衝突是沒關係的，因為在吵架的時候，顯露的是最真的性情，至少知道彼此在意的是什麼。

衝突，是為了理解彼此的底線，尋找共識，不是你或我說了算，而是嘗試開創團體中的第三選擇。

沒辦法上課的老師

一個難得空堂的上午，我正埋頭準備隔天的課程，突然感覺有人輕點我的肩膀，轉過頭只見一位學生臉色凝重，膽怯的對我說：「我們的老師說他沒辦法上課了。」

「什麼叫作『沒辦法上課了』？」我還反應不過來，就被那位同學一路拉到了班上。這個班級，是一群有想法和具領導魅力的同學所組成的團體。

我由後門走進班級，學生有幾個在玩手遊，幾個趴著睡覺。任課的小庭老師站在講台前，手托著腮，木然的臉看不出心情，但肯定是五味雜陳。

我漸漸看出端倪，於是默默繞到前方，平靜問大家：「誰能告訴我，為什麼我此刻會站在這個地方？」

整個班級顯然還沒甦醒，彷彿夏日午後雨水落下前的悶熱。一、兩個人說，因為他們太吵；另有人說，因為連線玩手遊對打，興奮得講起話來，吵到老師無法上課；還有人說，老師喊了太多次都沒人聽。

我請剛剛在玩手機的人站起來，全班幾近一半站了起來；再請吵鬧的舉手，約莫一半的人低著頭，舉起手來。我心裡被這壓倒性的人數嚇著。

「有誰剛剛在認真聽課的？」我請大家坐下，試著換了個問法，數了數，只有九位，不到班上的四分之一。我暗自克制自己劈頭罵人的衝動，理了一下思路，用穩定、柔和的語調對孩子說：

我很狐疑，這是我認識的你們嗎？我認識的這一班，可以勇敢發表自己的想法和感受，但今天，你們卻選擇用這種方式處理。

剛剛我問的問題：玩手機、講話、睡覺，都只是「現象」，是這件事的表層。我現在好奇的，是造成這些現象的「原因」。

孩子們開始鬆動，他們看得出來，我是真的想和他們對話，而不是來鎮壓他們的。

愈來愈多人開始說話了：老師總是單方面教，不和他們互動；教學方式太單一，都是用口述的；學習單有太多要寫，既瑣碎又覺得沒有意義；覺得老師只在意教完進度，不在乎學生的吸收……他們壓抑的情緒被疏通了，悶住的大雨迅疾落下，我彷彿聽見斗大的雨點打在地板上的劈啪作響。

我凝心傾聽，理解他們的聲音與感受，也看見他們許多的不滿。但即使如此，我仍說：

從「原因」到「現象」，絕不是條單行道。

玩手機、喧譁、睡覺，在我看來，是一種消極的抗議方式，也必定不是最有智慧的方式。這樣的消極抵抗，只會讓你們顯得沒有格調、不尊重人，也完全不將老師放在眼裡。難道你們只能用這種被動的方式抗爭嗎？用這種不合作的方式證明自己的反骨嗎？

> 你們明明擁有足夠的選項，能選擇與老師好好對話，卻沒有這麼做。

看著孩子眼中帶著愧疚和歉意，我轉向任課的小庭老師，表示如果可行的話，想邀請她也分享感受。

她說出了身為理論課程老師的辛苦，也期待孩子能理解，這些嚴謹的知識不容易用有趣的方式學習；但說到最後，小庭老師表示願意改變上課模式，可以接受學生提出的解決方案，找到一個平衡點。

學生希望能自己開班會，討論這個問題該怎麼解決，再找小庭老師討論。待小庭老師走出教室，我表達了不滿，並氣憤的對他們說：

> 你們有自知之明嗎？能學習換位思考嗎？老師要卑微的讓你們予取予求到什麼程度？我看到的，是老師一直退讓，但是到底憑什麼？
>
> 請大家珍惜這個與老師對話的機會，這不是天天會發生，也不是在每所學校都能發生的事。這樣的機會不是理所當然的。

在下次上課前，學生開完班會，擬了一份紀錄，寫下之後與小庭老師合作的方式。兩天後，當小庭老師再次走進教室，他們自發性全體站起來，彎腰向老師道歉。

經過對話，他們理解彼此的感受，小庭微調了上課模式，孩子也學習尊重老師的界線。

愈是危急，愈要溝通

萃取管理學大師級作品《第五項修煉》精華概念所繪製的繪本《聆聽火山的聲音》一書中，用了一個很有意思的故事談到人類對話的兩種模式：討論（discussion）與深度匯談（dialogue）。

故事描繪了在一座沉睡已久的火山山腳，住著一群不知災難將近的「悶燒松樹村」村民。然而，當火山響起震耳欲聾的隆隆低鳴時，平和的人們為了保命爭論起來。

在這個村落，人們說話時會掉出一塊塊的木板。辯論愈激動，木板就掉出就愈多。於是，彼此爭吵的言語形成了高牆，讓雙方無法交流。

這時，有一群不願加入混戰的少數人，以主角米蘿為代表，願意創造一種新的交談與聆聽方式，也讓村民的命運有了新的可能性。

在故事中，語言產生圍籬、劃分界線、造成分裂，也暗示了語言上的「勝利」往往是自欺的。

火山爆發後，深陷在辯論中的雙方都覺得自己立場正確。諷刺的是，兩方都覺得自己最後辯贏了，於是他們壯大聲勢，加大聲音來證明自己是正確的。然而，更大的聲音常是膚淺的，也隱含內在更深的匱乏與心虛。

在人潮洶湧的大辯論之外，安靜的自省與思考在另一個角落悄悄發生。火山下，米蘿和她的朋友開始進行深度的對話。起初，要揭露真實的想法讓米蘿覺得不習慣，甚至感到羞愧，怕受人責難，她感覺被社會禁忌的牢籠掐著咽喉不放。

但米蘿不害怕，她繼續深入，勇於探索潛意識，將所有的想法挖出來，也邀請人們一起挖出內心的想法。這樣的做法似乎和常理違背，情況明明十分危急，這群人卻不做任何事，只單純坐下來進行「深度會談」。最後，米蘿一群人急中生智，用對話的方塊搭起一座橋，逃離將被熔岩覆蓋的村落。

書中隱含的觀點是：愈是危急關頭，愈需要交談。因為，談話不一定是為了做出決定，有時候，談話本身就是問題的解答。至終，答案會在忘我的對話中隱隱浮現。

衝突後，合作才要開始

每回帶新班級，我都會帶孩子閱讀這繪本，也讓他們用戲劇、歌唱或說故事的方式，去體會故事傳達的內涵。

衝突可以毫無意義，只是讓謾罵的雙方築起一堵堅固的牆，隔絕彼此；也可以是一座連結彼此的橋，通往更寬廣的世界。

衝突，是一個缺口，是一個轉折，是最容易著力的點，也是讓關係朝不同方向發展的機會。衝突本身不是問題，問題是在衝突之後彼此如何對話，願不願意繼續合作？

即使有時衝突像在演羅生門，每個人都各說各話、各有道理，但只要可以聽見對方的在乎和感受，就有機會達到共識，讓團體前進。

如果能用完全不同的角度看待，孩子也許能不害怕衝突，可以好好吵架，也可以好好合作，更有機會聽見真實的聲音，彼此營造更深入的對話，朝著共同的目標繼續往前。

音量與力量的區別

《聆聽火山的聲音》另一個讓我印象深刻的觀念，是音量與力量的區別。這也是在開啟對話之後，我會讓孩子格外注意的事。

聲音愈大，愈不容易自省，愈以為自己正確，也愈敵視彼此。另一面，要挖掘內心的想法常讓人感到疑惑，也許答案不甚明確，卻能促進更真實的合作，也使人更接受彼此。

人常會誤以為音量的大小等同於力量的強弱。然而，說話不是大聲就有人聽，不是大聲就表示內容正確。

有時候，吼得愈大聲，愈顯出內心有多麼膽怯、多麼害怕受傷，因此才需要用巨量的聲音來掩蓋脆弱。有時候，音量小，力量仍能很飽滿。因為你的言語真誠而清晰、溫柔而堅定，足以顯出內在的強大。

若非得聲嘶力竭才能喚起人的注意力，非得扯住耳朵才能讓人聽你，那也是一種悲哀。

表達的方式可以很精緻，也可以很粗野。你不需要說得很大聲，也不需要急著打斷別人的話。該思考的是，如何讓人甘願且期望聽你說話？

人情願停下片刻，將這時代普遍缺乏的專注力放在你身上，是因為：

你言語中熠熠生輝的思想內涵？

你態度上不卑不亢的柔軟身段？

你語調裡不時吐露的關懷熱度？
你舉手投足中謙卑的理性姿態？
你直言、誠懇、不官腔的自然坦率？

既是人，就該用理智、情感說話，別讓粗鄙與莽撞取代你的知性與感性。而這一切，都需要在開啟對話之後，才有機會發生。

從對立到對話——以信任為始，開啟對話

今天是換老師的日子。

我老早就被前一位帶班老師警告過了，她說這個班的孩子大多不喜歡我，聽到換成我來帶班的消息，唉聲四起，有些學生甚至覺得乾脆休學算了。原來是因為班上一、兩個同學傳的話在班上發酵，最後，全班都認為我是個嚴肅、不苟言笑、凶惡且不通情理的老師。

第一次上課，我忐忑走進教室，自從第一年當老師以來，好久沒這麼有壓力了。班上瀰漫著一股敵意，好像不知何時會捲起沙塵暴的沙漠，不安等待塵土飛揚的時刻。

十分鐘過去了，團體動力仍舊沉悶，凝結的氣氛快令人窒息，此時好像上什麼課都不對勁。我一直在等待，想著什麼時候學生能挑戰我，說出心中的不滿，但隨即轉念一想，若孩子未接納我，怎麼可能說出真話？

於是我突然中斷課堂，即興說：「我們來開班會吧！」我請班級中原本的領導者自己來主持、帶領班上討論，但我給了他們一個議題，就是：「緯中是個什麼樣的老師？大家想如何跟新老師合作？」

我說，這是個無責任的發言場合，大家可以暢所欲言，說出心中想對我說的話，我絕對不會秋後算帳。孩子看到我放下身段，用對等的姿態把他們當大人，並從信任的態度出發，都對此大感驚奇。

漸漸的，低氣壓消散了，幾個孩子異常興奮的大聲說：「真的可以都講嗎？」我說：「當然可以，說到做到。」還有孩子問：「老師會不會玻璃心呢？」逗得全班爆出笑聲。

笑聲之後，有人開始說出心裡話。他們此起彼落的問，為什麼我要這麼「機車」？我沒有否認或閃避，而是認真看著他們的眼睛，試著和他們聊聊我這麼「機車」的原因：我的原則、堅持和對孩子深藏的愛。我也誠懇說：「從知道要帶這個班開始，我就一直都在思考這個問題。請放心，今天只是一個開始，我們一定會有很多機會認識彼此；到時候，你們就不再只能靠傳聞來認識我了。」

理解與信任，就在對話的過程中悄悄進入我們心裡。聽我說完話之後，有個女孩站起來對全班說：「我們要放下對緯中的第一印象，合作總是需要時間磨合。」

看到我釋出善意、真誠，願意聆聽、尊重每個發言，整個班級的氛圍改變，態度也軟化了。那是一種微妙的團體動力，如同水壩破裂的洞被堵住、積滿的壓力漸漸消逝，我與他們之間的關係找到了施力點，成功創造了一個對話的空間。

之後還有一大段路要走，但我曉得，自己已經起步了。

信任的五個關鍵思索

我一直明白，孩子對老師的信任從來不是理所當然。要得到孩子信任，老師得先跨出腳步，率先信任他們。

二〇一八年暑期，我參與政大為期兩週的耶拿教育師資培訓，在信任孩子這件事上，也深受耶拿教育啟發。

研習時，荷蘭講師亞普在第一堂課劈頭就問我們一個問題：「你信任學生嗎？如果信任，你怎麼展現出來？（Do yo trust children? How do you show it?）」他堅定表示，這是每位老師該問自己最重要的問題。

信任，是耶拿教育最基礎的態度，是老師與學生之間的基本關係，這個內在態度會影響我們教學中所有的事。

耶拿教育的基本精神，是看見每個個體的特質，而老師的信任，給予讓這些特質得以發展、茁壯的養分。關於信任，亞普談到五個重要的面向。

一、信任，是與孩子建立好關係

研習過程中，有個老師問到：「老師如何短時間與孩子建立信任關係？」亞普的回答直率而凌厲：「解答就在你身上。你相信孩子嗎？」

老師若真的選擇信任孩子，自然會展現在互動態度上，他們也必然感覺得到。而老師的責任，是讓孩子們「感覺」到你信任他們。

二、信任，是帶著同理的傾聽

身為老師，永遠要展現出對人的興趣。孩子的行為不過是表象，老師該問他們做事背後的故事，並耐心傾聽。做為傾聽者，不該評斷，不要太快說好或不好，而是嘗試理解每個生命的脈絡。

三、信任，是放手，不是放任

亞普特別強調，人們往往對「信任」都有一個迷思，覺得信任就是做一個有求必應的許願池。然而，在耶拿教育中，信任孩子不是要老師當個「Yes

Man」，答應他們所有的要求；信任也不代表孩子可以做任何事。

老師需要很清楚自己想做的事，以及要引領孩子到達的地方，從一個正向、信任的態度出發，看待孩子的需要，並放手讓他們探索未知。

四、信任，是與孩子一起建立規則

耶拿教育的課堂自由開放，讓人心生嚮往，因此有人好奇詢問：「耶拿的課堂中有沒有班規呢？訂規則的原則是什麼？」

亞普的回答總是睿智、充滿洞察力。他問：「課堂中為什麼要有規則？」頓了一下，接著說：「所有規則的目的，是要營造好的學習氛圍。在課堂中，老師要努力創造愉悅的氣氛，因為教室不是嚴肅的會議或論壇，教室是學習的園地。」

若班級運作順利，何須訂規則？老師不應制定「理論性」的規則，所有的規則都要慢慢制定（rule comes slowly.）。當團體出了狀況或有需要，才需制定規則。也就是說，非到必要時刻，老師不該訂規則。

然而，老師若真的要訂規則，就得建立在和學生討論的基礎上。師生一起討論這個規則的目標，如果規則無效，無法解決問題，就該即時改變。亞普打趣的說：「讀書的姿勢要規定嗎？站的姿勢要規定嗎？老師永遠要思考：這個規則背後的原因是什麼？目的又是什麼？」

五、信任，是相信孩子能找到自學的途徑

師資培訓結束前，我問了亞普一個問題：「耶拿教育強調讓孩子自學，那老師需要提供學習的策略嗎？還是純粹讓孩子自學？」

亞普擺出招牌動作，左手食指橫跨嘴唇，頂在鼻子下，鏡框幾乎滑下鼻梁，凝神思考，然後把我的問題導向更核心的方向。他說：「真正的問題不是策略，而是信任。當你不信任孩子時，孩子就無法自學。」

亞普直直盯著我，親切喊我的英文名字：「Stef，當你信任孩子時，他們就會找到方法學習。」我心跳似乎慢了半拍，有如當頭棒喝。他又補充，只有孩子沒達到目標時，老師才會出手糾正，給他策略，讓他朝目標前進。

你信任孩子嗎？

「這些也是你們認為重要的教學原則嗎？」這是亞普談完信任這個大主題後，問我們的問題。

然後，他眉頭深鎖，環顧著大家說：「如果你仍無法信任孩子，就得不斷問自己：why? why? why?」

在一次分組討論中，一位老師聊起他曾相信某個孩子，但這孩子屢次欺騙他，讓他對「信任」這兩個字打了問號，並因為心中的陰影躊躇不前。

這令我想起自己第一年當老師時，曾寫下一段體會：「學生每次的承諾，在當下總是一心一意的，你該相信他的許諾裡沒有虛假；但是，能否遵守約定又是另外一件事了。」

一切，都要從老師怎麼看待學生的觀點開始。回到內心捫心自問：「我是懷疑，還是信任？是控制，還是放手？」

要想與孩子建立關係，開啟真實對話，無法套用任何的招式，必須回到

「信任」這兩個字。

信任是一種氛圍，不是一個道理，更不是用來耍嘴皮子的口號。信任是超越語言的。從信任孩子開始，他們才有可能還之以信任；這樣的師生關係，將會改變課堂中所有發生的事。

為了團隊，我願意

分派工作任務是個奇妙的時刻，可以觀察人性百態，每個孩子的特質都在這個時刻昭然若揭，根本就是一個社會劇場的微觀。以傳統的課堂來說，我覺得分打掃與選幹部是最有意思的經典案例。

平常沉靜斯文的班級，到了分掃區的時候，許多人就像被啟動了暗藏的開機鍵，如同豺狼分食捕獲的獵物，人人都想占據最肥美的那塊。

到了選班級幹部又是另一種樣態。平時熱情好動的班級，這時就像海灘上見到人們走過的招潮蟹，急慌慌全速奔入洞穴。特別選到責任較重的幹部時，許多人都努力將自己的身形縮至最小，彷彿練了縮骨功一般，深怕講台上的老師點到自己。

這是多年前我學生時期的課堂情景，然而，它其實離我並沒有那麼遙遠，一不小心，這景象不時就會偷渡到我現在的課堂中。

「我要陪著能力沒那麼好的人一起成長！」

當老師的第四年，我對人性仍抱持審慎的保留態度。那年我遇到一位班長，他叫小強，無時無刻都梳著流線型跑車般的油頭。

我喜歡這個班長，不僅因為他笑容迷人，個性如同陽光般燦爛，更因為在一次班上任務分組時對他印象深刻。

當其他同學正爭著找最棒的神隊友組合時，小強默默走向一位平時較不做事，分組常被遺忘、冷落的同學，主動要求和他一組。

換到這組上台報告時，小強很賣力拉著這同學，在他旁邊三番兩次的指導，那同學才勉勉強強在台上擠出幾段不怎樣的話。這組的表現和我預期不

平時 30%→1W~3W
檢核表、計畫、檢討、附件
檢核表
檢核表
衛生 ×2
飲水机×7

遠，分數並不漂亮。

下課後，我納悶不解，好奇問小強原因。他彷彿料到我會來找他，說出內心早已深思熟慮過的感受：

我常在想，為什麼別人會說我們這一屆很爛？經過和很多人討論之後，我的結論是因為彼此能力差距太大了：強的很強，弱的太弱。我想要拉近中間的差距，否則實力只會愈來愈被拉開。

跟強的人在一起學不到什麼，沒有什麼挑戰性，反而跟能力沒那麼顯著的人在一起，我在教他們的過程中能學到很多事，也更可以加深印象。

拿高分沒什麼意思，能陪著能力沒那麼好的人，帶著他，讓他成長，進而讓整個年級進步，那才是我想做的！

小強的話不時浮現在我的腦中，讓我開始深思，也挑戰自己內在對學生合作的觀點。

在校園（當然也一路延伸到社會）文化中，我們不強調合作，總是標榜競爭和其他延伸出來的叢林生存法則。

逃避責任，事情能少則少，什麼時候成了課堂間的常態？

保全自己，暗中較勁爭鬥，什麼時候成了存活的潛規則？

會不會，這是老師帶領的方式出了問題？

- 我們是不是總用苛刻的標準，打擊願意做事、主動孩子的信心？
- 我們是不是常責備那些負責事情最多、做事最多的人？
- 我們是不是沒有讓那些積極爭取服務機會孩子的付出被大家看見？
- 我們是不是一不注意就冷嘲熱諷那些帶著傻勁、滿腦夢想的孩子？
- 我們是不是從未告訴孩子，為彼此付出、經營團隊有多麼重要？
- 我們是不是沒有讓孩子曉得，那些願意站出來帶領的人，需要多麼大的勇氣和決心？

群體分工與選擇背後的六種思維

於是我開始從這幾年的教學裡，歸納出孩子在分組與團隊合作時，背後所透露的六種角色與思維：

• 逃躲型

逃躲型的人只看眼前的好處，從不著眼未來。他抱持著享樂主義，哪裡最容易混、最輕鬆、有最多朋友罩，他就去哪裡。他以逃避為驅動力，大事化小，小事化無，就算有事，也是別人的事。有些孩子會用「水蛭」來描述這樣的人，靠吸取他人的付出而存活，別人付出愈多，他血吸得愈飽。

• 求生型

求生型為了本分而做事，做好學生該做的，保全自己的成績。他生平無大志，就是要平安過關，滿足最低標準六十分。要他多做一點都是奢求，但與他的利益相抵觸時（例如成績），他就會充滿鬥志，拚死力爭。

•自我型

自我型在分組時，想要為自己而學習。他的想法是：「哪個地方我學的最多、最感興趣、最能成長，我就去哪裡。」他有清楚的目標，為了自己而做，他想累積實力，擊敗他人。所有和這目標相悖的事一概不理，若要他為了別人而付出一些，就像要割他一塊肉。

記得有次活動選組別，幾個人衝著要進某一組。他們表面上說：「其他的組別很好，我們把機會讓給別人。」但很明顯這是偽善的說法，他們內在的聲音其實是：「我們已經決定了，才不管你們要什麼，誰都別來跟我們搶。」

•服務型

從這一型開始，已經從自我層面走到團體。服務型的人，不覺得多做一點有什麼損失，他想當領導者，也願意多付出一些心力，期盼能夠帶給團體一點熱度。他的出發點，可能是為了人情而做：為了朋友、為了老師、為了這個團體。團體因為有他而更加強健，也更有力量。

• 無私型

無私型看見的是整個團隊，關注的是共同的利益。只要對大家最好、最有幫助的事，他就二話不說去做。團體中哪裡需要他，他就去哪裡。若有大家都不願意做的「鳥事」，他一定主動去承擔。他善於補位，團隊因為有他而更加完整。

• 共好型

共好型可能當過領導者了，現在的他願意退出舞台，不追求掌聲，願意陪伴別人一起成長。

這樣的人覺得誰有潛力或想要學習，就會鼓勵他出來，然後在他身旁教導他、陪伴他、支持他，最終讓榮耀歸於他。陪他人建立成功的經驗，也因此讓更多人的亮點被看見。

這樣的循環只要默默經過了幾次之後，團體中將出現更多的領導者、更多願意付出的人，於是大家一起做事就更加開心、歡暢而不疲累。團隊因為有他，將不斷提升、成長。

分享完這六種心態，我試著在班上做了簡單的初調，發現前三種（以自我為主）大約占了七成。

於是我逐漸改變班上的帶領方式，創造機會，讓孩子所做的被看見，讓努力的人一同被榮耀。

改變的過程中，我也常問他們：「如今的你在哪個層次？眼界可不可以提高一些？可否不永遠看自己，偶爾看看你身旁的人，從自己走入團體？我們可以一起更好，努力對抗地心引力使人下墜的惰性，一起成為更好的人、更好的團隊。」

斜坡上跳舞的人

我也和孩子們聊到一個跳舞之人的故事……

二〇〇九年，在華盛頓舉辦的大腳野人音樂節（Sasquatch music Festival）有個奇特的場景。

草地斜坡上坐臥著滿滿參加音樂節慶的人們，突然有個戴著墨鏡的男子光著上身，開始隨音樂擺動身子，跳著古怪瘋狂、不甚協調的舞蹈。滑稽的舞姿令周圍的人紛紛拿起手機，記錄這荒誕的一幕。

幾分鐘過去了，跳舞男子沒有減少興致，反而更加努力的扭動四肢；接著，竟有一個穿著軍綠色衣服的男子慢跑加入跳舞，不到一分鐘，又一個人加入。於是引爆點開始了，接下來加入跳舞的人，呈現等比級數暴增，五個，十個，一百個，兩百個，人們從四面八方衝進這場舞蹈的狂歡。

最讓我驚奇的一段，是一開始原本拿著手機拍照、說風涼話嘲笑的人，竟然跟身旁的朋友說：「你幫我拿手機，我也要去跳了！」

原本只是一個瘋子在跳舞；到最後，不跳舞的人反而成了瘋子。

你所相信的事如果夠瘋狂、夠堅持到一個程度，旁邊的人將無法繼續袖手旁觀，終究會有人跟上。怕的是我們在第一個跟隨者加入前就放棄了。

這故事的另一個啟發也許是，當你看見少數人在做你很認同的事，要有勇氣跟上，加入這個也許其他人會（暫時）嘲笑的理念。

改變的開始

這次之後，我在班級期末的合作前對他們說：「我期待這次能夠一起合作、彼此學習。」我發現當自己改變態度，孩子的動能也整個改變了。

到了最後，我看見這個班沒有一個格外突出的人，不存在一人獨大、萬眾歸心的超級巨星。他們就像豐富均衡的沙拉，恰到好處和醬汁拌在一起，平衡呈現每樣食材的風味。分開欣賞是美，搭配起來更美。每個人優異的特質被看見，團體的緊密性也被看見。孩子在自己該站的位置自在做自己。

活動結束之後，每個人都有成就感，覺得對自己是有意義的，並在有意無意間又成長了一些。

在團體中，當愈多人的層次提高，就有愈多人願意為團隊付出，反之亦然。到了此時，正向的力量開始在群體間流動，彼此支持是自然的，自私才是反常。

如果從現在的課堂中，有更多的老師逆轉思維，強調合作，陪伴孩子們一起邁向共好，而不是陷在你死我活的生存遊戲中，那課堂上的風景會不會不一樣？我們的孩子們會不會不一樣？

斜坡上跳舞的人影片連結：https://youtu.be/hO8MwBZI-Vc

領導者的修煉Ⅰ：為什麼我要站出來？

在國小四年級時，我有生以來第一次成了在人群裡需要「負責什麼」的角色。班上的人投我做風紀股長，而我只負責兩件事：每天一早在黑板上登記遲到的人、每節上課叫大家安靜聽老師講話。

簡單的頭銜，卻有魔法般的力量。

那個小小胖胖、細眼淡眉的男孩，首度嚐到權力的滋味。同學開始會討好我、畏懼我，甚至用尪仔仙私下賄賂我，引誘我在下課時偷偷擦掉他黑板上被記的座號。當然，那個男孩常常無法拒絕誘惑，因為他渴望更大、更翹的尪仔仙，好取得更多的權力和掌聲。

一天放學，不知從哪兒來的自鳴得意，我回家和奶奶炫耀這個新身分（自然沒有炫耀「收賄」的事）。奶奶滿臉的皺紋似乎都在微笑，接著忽然問我：「你為什麼要做股長啊？」我卻回不出話來，憨傻愣在原地。

揩到權力的油水，沒學到責任的可貴。我承認，當時我完全不明白自己為什麼要擔任這個角色。

物換星移，時間快轉了二十多年。

在班級中，我常聽見當年被奶奶問到的問題，只是，這次是出自學生的口：「如果當幹部、組長或負責人的分數沒有比較高，那還有誰要做這個領導的角色呢？」

當領導者很不容易，需要下很多決定，並承擔隨後的結果；需要承受很多情緒；需要把話說清楚；需要帶領、管理、安排……。

是啊，既然這麼辛苦，為什麼有人要當領導者呢？我真希望能把二十多年前沒搞懂的事給弄明白。

想挑戰領導者的四個理由

當老師幾年下來，我遇過許多勇敢、耐心與毅力兼具的學生領導者，也見過剛開始虎虎生風，後來就洩了氣的孩子。

不管結果如何，我觀察到至少有四個理由，讓孩子願意一次又一次挑戰這吃力不討好的角色。

一、讓自己更有能力、更有用

有一年的校慶前三天，企劃組的學生小維因為壓力而崩潰了，覺得自己被大家「針對」。他覺得當開會卡住、發生問題的時候，大家會不由自主的將眼光轉向他，希望他說話，而小維不知道大家為什麼這麼做，快受不了他人期望的重量。

我好奇問小維當初接下這角色的原因，他說是想讓自己變強，讓別人看得起。於是我和他說：

小維，為什麼大家會看你，為什麼你會覺得大家「針對」你。我猜，是因為你有能力、你被需要、你說話有說服力。

當大家都僵住無法前進時，會轉頭注視的那個人，很可能就是大家心中的領導者。因為領導者不是一個頭銜，領導者在人心裡。

領導者原本就需要受許多氣，想學習、變強、成長，你熬不過這些嗎？但是，領導的祕訣不是不生氣，而是轉得快。你能不能轉化你的情緒，變成積極的動能，讓團體更向前？

我期待你能轉化這些感受，將別人的眼神當作是肯定與讚美，並繼續累積實力。

二、想要不一樣，追求不同的體驗

小維稍微恢復了一點能量，雖然眼裡還有淚水，卻能苦笑自嘲：「我大概有被虐的傾向吧！當初明知接下這角色最後一定會這樣，即使很害怕面對，但我就是想做點不一樣的事！」

他說這話的時候，我的腦海不禁浮現德國浪漫時期畫家弗里德里希（Caspar David Friedrich）的名畫〈霧海上的旅人〉（*The Wanderer above the Mists*）。畫中，一個頭髮被吹亂的旅人站在山巔，透過濃霧凝望著遠處的群山，陪伴他的，只有一支細瘦的手杖。

我彷彿感受到小維那種孤絕遺世的心境。沒錯，高處不勝寒，但絕美的景色也只有高處能領略。在高處，有全景的視角，能看見每個方位的情況；在高處，有清晰的視野，能統合各面向的需要。

我和小維分享，勇敢不是沒有懼怕，而是面對自己的恐懼，一面顫抖、一面筆直的迎向它。我對他說：

> 我在你身上看見這樣的勇敢；也看見一個不斷成長、不斷嘗試的你。重點是你已盡了全力。親愛的小維，不是嗎？你的眼淚早已說明一切。
>
> 最後，我想告訴你：你鼓勵他們，我鼓勵你；你做他們的後盾，我做你的後盾。

三、連結資源與人脈

校慶結束後，小維興奮的找我，除了感謝過程的陪伴外，更分享自己意外的收穫。他說，當過領導者的角色後，才發覺自己有非常多的資源，可以接觸到老師、不同的人脈，並且實現心中的想法。

因為舉辦校慶，小維必須和學校內部、外部單位多方協商，他說常和這些「大人」接觸，會跳脫自己的學生思維，也能學習換位思考，在學生會議時，就能說出不同身分的人在意的事，而不是陷入表面的意見分歧。

當你是領導者時，就有更多機會和不同的領導者互動；當身旁都是正向、努力的人，自己就自然想成為一個更好的人。他激動說道：「這是一個正向的迴圈啊！我實在搞不懂為什麼有人不嘗試看看？」

四、建立身分認同，累積自我價值

有些孩子想學習當領導者，有時是因為一種身分認同。這樣的孩子不追求外在的讚賞，而是效忠內在的羅盤。

他希望團體更好，願意多付一些力，做對他人有益的事；他願意多走跨出一步，陪伴身旁的人；當大家陷入僵局時，他願意出來帶大家。他對共好有一種執著，相信我們一起好，會比自己好來得更好。

這樣的孩子不見得真的很會「領導」，但他很懂得付出。對他來說，多做一些，就是對自我認同多一些，因為他持續做自己認為對的事，並累積了自我價值感。

所以，如果再度被學生問到奶奶當年的那個問題，我知道可以怎麼回應他們了，甚至，我還可以對那些死都不願意承擔責任的孩子們說：

是的，你也可以爽爽過生活，維持「六十分及格就好」、「當個組員躲起來」的學生思維。

當然，你也可以選擇留在舒適圈，畢竟現在是在學校，你很可以這麼做。但如果未來到了工作場域呢？進入了茫茫無垠的社會呢？你會繼續用這樣的心態來面對你的人生嗎？

你到底還可以藏多久？

在學校中，分數能呈現的東西真的很有限，多負一些責任不見得會讓你的成績更亮眼；但更重要的，是你在其中的學習、你的目標，以及你對自己的期待。

這番話看起來是對學生說，其實是對小學四年級的自己說：哎呀，真希望當時那個胖男孩能明白這些事！

領導者的修煉II：給予與領導

幹部才選完兩天，這天一早，他們就衝進我的辦公室大吐苦水：「我們班真的很爛耶！一點都不團結！」「我一天要叫大家安靜好幾次，他們都不把我當一回事！」「我宣布事情的時候大家都各做各的，沒有人聽我的帶領！」

等這波抱怨的怒浪稍微和緩後，我試著問：「你們做了什麼事，讓班上樂意接受你們的帶領？」

「他們投了票給我們，不就表示就該尊重我們說的話嗎？」幹部對我的話不以為然，而且已經在不知不覺中，使用起「他們／我們」的字眼，豎立起雙方中間的壁壘。

領導者最重要的特質

我沒有繼續說下去，而是帶著他們走進班級。他們都露出笑容，心裡響起無聲的雀躍，我卻聽得一清二楚：「老師終於要好好罵班上了。」

當然，我沒有成全他們的心願。我從事件跳開，帶班上的孩子一起來看「領導者」這件事。

知識是從對話中產生的。我不先自己定義什麼是領導者，而是在黑板畫起心智圖，讓孩子自己發想，一個好的領導者該具備哪些特質。當班上說完一輪之後，黑板上寫滿各式各樣的特質：聰明、熱心、應變能力、有威嚴、人際好、夠凶、具說服力、抗壓力佳等。

當然，這些條件都沒有錯，也都是領導者非常需要的特質，但我不滿足於這些表層、反射式的答案，因此繼續邀請大家思考：「哪種領導者讓人心服口服，永遠惦記？你的生命當中，有沒有這樣的角色？他們最重要的特質是什麼？」

他們開始搜尋記憶的海洋，每個孩子都陷入思考。

幾分鐘後，他們說出幾個心目中的領導者形象：每天花費大量時間指導球隊的足球教練、放學後協助自己完成功課的同學、付出一切且殷勤照顧自己的母親。

這些角色有多個樣貌，卻擁有一個共同的特質；我望著孩子，緩緩做出結論：「你可以說這叫付出、給予，或者稱之為犧牲。」

槍林彈雨中的一個吻

然後，我和他們說了一個故事。

二〇〇九年，美軍在阿富汗進行任務時，被五十多位塔利班分子伏擊，當救援直升機近一個鐘頭後趕到現場時，沙漠中炮火猛烈、飛沙走石。直升機捲起了一片黃煙，煙幕中依稀看見美軍上尉斯溫森（William Swenson）踉蹌攙著頭部中槍的傷兵上了直升機。

在直升機載著傷兵離去前，一個令人驚異的畫面出現了：在螺旋槳、機槍掃射和強風、沙石交織的一片混亂中，斯溫森緩緩彎下腰，輕吻了傷兵的額頭，然後轉身衝回槍林彈雨裡繼續進行救援。

這一幕，讓他回國後得了美國最高級別的榮譽勛章。典禮儀式中，總統歐巴馬親自頒獎，也說出了他獲獎的原因。讓斯溫森受到敬重的，不只是他的力量、勇氣、毅力，更是他的付出、犧牲和關愛。

即使不富有魅力，即使不是很具管理手腕；給予，是可以把一切弱點都補滿的特質。

我也與孩子聊起了自己的失敗經驗。大學時的我，有一種自命不凡的孤高，做什麼事都喜歡領頭，想要發號施令。每個和我合作過的人，都察覺到我的驕傲和狂妄，最後往往也都以衝突收場。這樣的模式過了好多年，我終於嚐到苦頭，認識到身為一個領導者的真正涵義。

我再問學生想做哪一種的領導者？是「我說了算」的蠻悍，還是「我在乎你」的陪伴？

過去的經驗告訴我，真正在我生命有地位、讓我心服口服的人，都是曾供應過我的人。對我來說，領導者是什麼？領導者其實就是給予者：給予時間，給予關注，給予愛。這樣的領導者，會讓你覺得安心，覺得被在乎，覺得受支持。

沒有關心過別人，卻想要帶領大家，誰願意聽這種領導者的話？因此，領導者率先該做的不是指揮，而是讓大家打從心底接受。要讓人接受你，就得先成為願意付出的人。後來，這個學期的幹部群，成了最讓我放心的一群孩子，他們不計較得失、樂意給予，讓整個班級愈來愈有力量。

團隊的產生

換了一個班，又經過一個折騰的學期後，在班級期末最後一個活動前，一位孩子迷惘的問我：「如果沒有人認為這是一個團隊，那我為什麼要為這個團隊付出，甚至犧牲呢？」

這句話震懾到我。我想了一整晚，隔天和他分享自己整夜的思考：

有沒有可能用一個相反的邏輯來看這件事呢？

從我的經驗中，我發現當你為這個團隊犧牲愈多，你愈會認為這是一個團隊，因為你的付出讓你有歸屬感。不是因為先認同團隊才付出，而是先付出，團隊才產生。

就像我太太懷孕的過程，先是犧牲養分、犧牲子宮、犧牲自由、犧牲舒適，至終她對孩子深愛不已。很少母親是在知曉懷孕的那一刻，就能無條件的愛上孩子。

為了這一班，我率先付出，我在你們每個人身上用心，我了解你們，知道你們的潛力，聽見你們的困難，也清楚你們的優、缺點，更嘗試顧到你們的需要。當我做了這些努力後，我現在能說，我愈來愈在乎你們。

一開始沒帶過你們時，要我說出我愛你們，這話說起來很彆扭，因為我沒在你們身上投下任何心血，但現在我說我愛你們，自然得不得了。

所以當你說「沒有人」在乎、「沒有人」認為這是一個團隊的時候，別忘了我，我仍然在乎。

況且，當你這麼說的時候，你也把自己算在內了。

我記得這位孩子離開前，眼神似乎比前一天更清澈了。出乎我意料之外，他在這個活動中爭取了重要的組長角色，一路帶著同學順利完成活動。雖然他什麼話也沒對我說，但看著他對團體的熱中，我曉得他已找著定位，不再迷惘了。

一位學生的「成為老師」之路

戴著牙套，劉海與眉毛齊平，一雙明亮憂鬱的大眼睛，走起路來總是維持優雅纖細的身形；她是珊珊，是這學期出現在我身邊，帶給我莫大幫助的三年級孩子。

畢業前夕，很多高三的孩子們早已心繫未來，學校的事湊合著做，也失去了一年級的新鮮和衝勁。

但這位女孩不一樣，她想要傳承自己這三年的經驗給學弟妹。而我手邊恰巧有個重要任務，要為一百多位學生規劃一系列的課程，是個重大活動前的密集培訓。

我讓珊珊和另外兩個高年級的孩子帶領七位一年級生，無論教材的設計、實際上台授課，以及從課務延伸出的行政……都讓他們一手包辦。

起初，我的心充滿了不安。我不曉得她能不能勝任，能不能手把手的陪伴學弟妹，與他們一起成長，而不是以學姊的高姿態責罵指使。

付出，似乎毫無意義？

事後珊珊回想，一開始知道要帶學弟妹時，雖然想一起學習，但忐忑的心情中帶著一絲懼怕，因為不夠清楚活動內容，也對這群人一無所知。

他們前半段的互動是慘烈的：合作摸不著頭緒，好似在霧中尋路。她所交代的事，每一項都與想像有著極大落差。

珊珊花了好多天陪他們努力到晚上八、九點，成效卻十分低落。有幾次她乾脆狠狠的將學弟妹的成果完全打掉，三位學長姊直接親自上陣，完成那天的課程。

這麼多的付出似乎毫無意義。珊珊相當失望，嫌惡、怒火一湧而上，雙方的關係對峙，情勢愈來愈緊張。

「他們很傷，我們也很傷，真是在浪費彼此的時間！」珊珊怒氣沖沖撂下狠話，三年級的孩子幾乎要放棄，心想不如學長姊全部拿起來自己做。

但是她忽然察覺，自己從來沒和學弟妹談過該怎麼一起合作，也發現自己完全不了解他們。

經驗告訴她，建立在陌生關係上的合作，很快就會土崩瓦解。還沒嘗試去了解，怎麼有立場抹煞？都還沒建立關係，哪裡談得上要求？而且她觀察到，學弟妹的團隊也出了問題，常會爆發爭執與謾罵。

她開始思考，該如何帶領這個看似無望的團隊再次出發？

從融解冰層的一角開始

找到一個機會，珊珊帶著七位學弟妹坐在一起對話。她細細聆聽，推敲合作間到底出現哪些難關？彼此存著哪些不愉快的情緒？

他們是典型受中華文化薰陶的學生，要說出對同輩分者的內心話，需要好多的掙扎。剛開始對話時氣氛乾癟，因為怕得罪人，沒有人敢說出真話。每個都說「得想一下」，尷尬的輪到下一個人。

珊珊想起自己過去的經驗，於是有感而發：「其實，我們都處於平等的身分，也都還是學生。未來，就不會有這樣合作的機會，我們該趁著在一起的時候，把真正對彼此的感受說出來，才有機會一起解決問題。」

終於，冰層的一角融解了。他們提到合作的氣氛不好，大家都討厭彼此，爭執不斷，也沒有心情做事。

珊珊又想到自己這幾年對合作的體會，若把對方的亮點放大、缺點縮小，合作就能順暢許多。吵架是可以的，但吵完該思考怎麼讓團隊前進。

她靈機一動，邀請每個人講講自己的亮點與弱點、擅長與限制。珊珊側著頭，一面專注聆聽，一面拿筆在白紙上揮舞。從學弟妹的述說中，她感受到大家同樣渴望團隊改變，希望再一起往前走。

經過彼此了解，珊珊找到他們擅長的能力，開始學習欣賞每個人的特點。她終於明白，學弟妹之前無法合作，是因為沒有注意到對方的特長。

奇妙的，團體動力改變了，剛硬的心鬆動了。珊珊心底重新燃起對他們的希望和期待，她有一種莫名的篤定，相信這個團隊是可以完成任務的。

結果也如她所料，即使個性相左，他們仍努力與對方合作，展現出主動與積極性。

這不就是當老師的初衷嗎？

那天回到辦公室，珊珊眼神閃著光芒，整個人煥然一新，興高采烈和我分享這段經驗。

她說，之前在班上擔任領導者時，也會動不動就凶同學。但現在因為要帶領學弟妹，她被逼著開始學習同理與換位思考。

從學弟妹的回饋裡，她知道他們聽懂、聽進自己的話，也願意學習合作。她雀躍不已，彷彿新手媽媽終於教會嬰孩吃飯。

聽著她細細回溯這段時間的甘苦，我暗自思索，她所做的事，不就是一個老師在做的事嗎？

成為老師，就是將學生放在心裡，悉心陪伴、引導，從學生的成長中找到自己的價值感。

珊珊沒有發現到自己的角色正在經歷轉化。從學生的心境轉到老師的心境，這是一種層次的躍升、自我意識的轉變。

我享受著她的喜悅，莫名被她的情緒感染。

謝謝珊珊，把我帶回到了剛當老師時的初衷。

自己的校慶自己辦！

「想辦校慶的，站在操場的這一邊；不想辦的，站在另一邊。」

下午四點十五分，已過了表訂的下課時間，十二月初的冬陽烤得二年級約兩百位學生的身體暖烘烘的，很多人不禁脫下了外套；就在校慶前一週的緊要關頭，主持的老師清晰、明確下達了這樣的指令。

校慶，讓全體二年級的學生構思、規劃、舉辦，一直是開平餐飲學校的經典專案企劃課程。但在彼得思教育的校園中，沒有所謂非做不可、一成不變的事，就連全校一年一度的校慶大典也是如此。去除成績的脅迫，沒有附帶的條件，每個孩子都得回到內心，問問自己真實的感受。老師站在一旁，心裡七上八下想著：「如果成績拿掉了，孩子會怎麼選擇？」

人群緩慢移動了，有些人若有所思，有些人攬著快要滿溢的情緒，空氣中瀰漫著濃烈的煙硝味，不是械鬥的前兆，而是這幾週心情震盪後的餘波。

老師鬆手，向後退

時間回到操場對峙的前三天，辦公室老師們開會時，為了校慶的合作狀況鬧得不可開交，我和本屆校慶執行長教師一言不合吵了起來，兩人分別難過落淚。這個尷尬的場景，恰好被彼得思教育創辦人夏院士撞見了。

夏院士一面覺得心疼，一面覺得原本該是學生自主的活動，怎麼變成老師忙得焦頭爛額？於是，老師們當晚認真討論校慶課程的本質，隔天一早，緊急召集了全體二年級生，向孩子宣布了一個驚世駭俗的決定：從今天起，老師鬆手向後退，讓學生走出來，主導活動的進行。老師最後這幾天不會進班緊迫盯人，而是要學生主動找老師詢問和討論。

我們又和學生說，請他們用兩天的時間思考到底要不要辦校慶，兩天後，將由他們全體做出決定。

我們在挑戰一個似乎既存的假設：為什麼一定要「辦」校慶？既然是慶祝學校的生日，可不可以放假一天？也許放假才是最務實的慶祝。

彼得思教育裡沒有「理所當然」這件事，每件事都讓學生（甚至迫使他們）思考：「為什麼我要辦校慶？這課程和我的關聯是什麼？這個活動證明了什麼樣的價值？」

如果學生不爭取自己的學習，為什麼老師要逼著他們學習？大人有什麼權力抹煞孩子學習的機會？

我們做個實驗，當老師不做的時候，學生發自內心想做到什麼程度？他們真的想學習嗎？還是只是在應付老師？

這是一件很大膽、很不一樣的事。很少教育有勇氣，把自主玩得這麼極致，讓孩子真正主導自己的學習。我們在看，當交還自主權之後，孩子會怎麼發球？

校慶

當然，在宣布的過程，老師沒說出這麼多背後的思索，以致學生第一時間聽到消息，無不充滿雀躍。

當天只能說是盤古開天級的混沌和混亂。老師排定密密麻麻的時程表暫停了，各班都鬆懈了，孩子逐一露出本性，有的滑起手機，有的聊天、睡覺，有的音樂放得像在開演唱會，教室幾乎成了狂歡派對。

老師雖沒進班，卻在辦公室裡猶如熱鍋上的螞蟻，焦急討論、思考接下來的策略，我看出每位老師都想出手挽救這個局面，卻得硬生生忍住，等孩子主動求救。我們不想剝奪孩子學習的權利，但也要讓他們曉得，這次，老師是玩真的！

隔天，也就是操場對峙的前一天，學生開始覺得不對勁了，愈來愈多孩子認為：「我們該為自己的學習做點什麼！」

於是，幾個領導者開始自發性規劃進度、安排預演、執行任務，好像老師從沒有離開過一樣；只是，這次不再是依照老師的意思了。

學生從中心到圓周，一個影響一個，一股學習的串聯網絡慢慢散播開來，自己驅動、組織、動員，好像整個團體開始有了自己的意識，一個穩健的生命體總算邁出了步伐。

為自己找到學習的原因

時間再度回到那個冬陽下被曬暖的操場。

終於，經過每個人的內在激烈對話，操場上形成兩方對峙的畫面，只是人數懸殊，不想辦校慶的孩子僅有三位。

當大家做出選擇後，接著就是各自表述和對話的開始。

想辦一方的孩子紛紛拿起麥克風，說出要舉辦校慶的原因：「我們都努力了這麼久，不辦太可惜了。」「如果現在就結束，所有的吵架、熬夜都沒意義了。」「我不想被『看沒有』。」「發現沒有老師，要完成任務有多麼辛苦，要辦好活動有這麼難，但很喜歡這種靠自己力量完成事情的感覺。」孩子的語言直白、真誠、充滿動能。

這時，一位纖細的女孩站了起來，分享這段時間為了校慶而付出，覺得心好累、好累，淚水也無法止住。另一位女孩隨即起身，快速走到人群前方，緊緊抱住那細瘦的身軀。

我認識那位擁抱對方的女孩，曉得她也曾在歷經黑暗時默默受到扶持，踉蹌中找到跨越的能力，所以今日內心能升起力量，成為失落心靈的安慰者。

看到這幅景象，全場孩子的心都揪了一下，不自覺更聚攏了一些。

換另一方的孩子發言了。他們真實的分享感受，表示不是不想辦，而是過程中相當不開心，例如不太信任老師、真正負責的人過於忙碌而沒有自己的生活。但經過坦承與釐清，最終師生達成共識，說到底，這三位孩子還是想辦好活動的。

最後，學生執行長 Larry 露出他招牌的笑容，感性的說：「我想以我們的方式，辦一場自己會喜歡的校慶。多年後，我們想起這段期間，會因此而微笑。我想讓大家知道，我們可以玩得很開心，也可以玩得很有學習。」

當想說話的孩子全都說出內心的感受後，終於，不想辦的三位孩子走到了另一邊。

那天下午，我們花了很多時間對話和釐清價值。當學生看著彼此走過那段熬煉的過程，他們的同理心被激發出來。很多辛苦，走過才知道；許多滋味，嘗過最明白。因為一起走過，所以盼望繼續走下去。

有你，有我，不就夠了嗎？終於，全體的學生匯流成了一股力量，學習的主動權也回到他們身上，完成了一個以學生為始、為終的教育歷程。

自己的校慶，自己爭取

然而，事情還沒有結束。操場對峙後過了四天，也就是校慶前三天的傍晚，全校教職員聚在一處，聆聽學生的提案簡報。這是他們的最後一關。因為既然是全校的慶典，也必須經過半數以上老師的認同。

簡報團隊卯足全力，生動、清晰、有條理勾畫出本屆校慶的全貌後，老師將表決讓這次校慶繼續進行或是踩煞車。

最後，Larry 在看見全校老師舉手通過，確定爭取到舉辦校慶機會的那一刻時，痛哭失聲。眼淚，意味著兩個多月的熬煉，也代表了一個自主學習的里程碑。台上的孩子全露出滿足的笑容。

「這一路走來，好玩嗎？」稍晚，我問了 Larry，他眼睛還沒退腫，很肯定的點點頭，又掛上那招牌的笑容。

我想，這個「好玩」不是一般定義的玩樂，反而像闖關，翻過一山又一山的成就感，是一起打怪、與夥伴創造記憶、一群人共同營造的感動。

團隊發展的五階段

校慶結束的當天，在我眼中，學生不僅自己「舉辦」校慶，更是使出渾身解數，盡情「享受」校慶，展現出只有在內在動能驅動下才散發得出的活力。

帶著觀賞完燦爛煙火的心情，我想起美國心理學教授布魯斯．塔克曼（Bruce W. Tuckman）於一九六五年提出，對之後組織發展有重大影響的「團隊發展階段模型」（Tuckman Stages of Team Development Model）。塔克曼描述一般團隊會經歷的五個階段，應用到學生身上，概念仍近似而貼切。

一、形成期（Forming）

這是團隊形塑的起始階段。團體彼此在試探底線、發展人際互動，也在相互建立關係，逐漸形成對團體的認同感。

在這個階段，老師的角色可以是傾聽，讓大家彼此了解，建立信任關係，陪伴團體建立約定和願景，讓孩子摸索、建構出群體的樣貌。

二、風暴期（Storming）

群體的成員在風暴期開始尋找，甚至刻意建立自己的定位。團體會經歷像風暴般混亂而頻繁的衝突與碰撞，開始出現小團體，彼此批評、競爭、防衛、責難，強勢和弱勢對比鮮明，孩子開始累積不滿與挫折感。

此時，老師可以強調多元差異，在班級中營造對話，讓看似尖銳對立的雙方聽見彼此背後的聲音，進而能理解、同理、欣賞，逐漸產生共識，共同面對任務或問題。

三、規範期（Norming）

當團體的孩子願意一起解決問題，就進入了規範期。群體間開始習慣分享、互動，能對不同的意見提出建設性的回饋，慢慢培養出情感和凝聚力，形成團隊獨有的文化。

每位個體的角色定位愈來愈明確，能發揮所長，合作完成任務，也能修正個人過於突出的行為，融入團體。

老師在這段期間可以給出更多空間，讓學生學習自主，培育願意帶領的領導者，並透過正向回饋，自然弱化那些破壞團體約定者的聲音。

四、表現期（Performing）

表現期是團體最強勁有力、形成自組織的重要時刻。團隊間合作緊密，熟悉彼此底線，也能靈活協作、補位。在執行任務時，充滿主動性和創造力，能一次又一次在做中學，從經驗中自我成長，也透過反思而更有力量與成就感。

在此階段，老師的角色可以漸漸淡出，讓學生走出來，雖是放手，但仍持續陪伴，不需要太多控制，讓團隊好好展現動能。

五、解散期（Adjourning）

在最後的解散期，團隊完成了階段性的目標，彼此不再緊密依賴，有時會是個令人傷感的離別時刻。

老師在這階段的角色反而更為重要，需帶孩子回頭看看一路走過的種種，從經驗中找到往前的力量。老師也該回饋團體，並且讓群體間彼此回饋，讓孩子好好說說話、看見自己不容易的地方，也營造大家說再見的場合，將所學到的珍貴能力帶往下個生命階段。

塔克曼的團體發展五階段，對教育者而言彌足珍貴，尤其是從第三的規範期走到第四的表現期，更是翻轉學生內在動機，讓團體發展出自組織的關鍵階段。

期待更多優秀的教師，在各自的校園中設計出「從我到我們」的課程，讓孩子學習共同生活、共同合作，從自學到自組織，也讓學習主權真正回到孩子身上。

當這群孩子畢業後走入社會時，他們必然已經準備好，能在任何的群體間帶動「你好，我好，大家好」的共好文化。

誌謝

我始終相信，一個不懂得合作的人，更不可能懂得如何帶學生學合作。

這本書的誕生，出自我熬煉肺腑、煎熬無數，與開平餐飲學校的夥伴一起學習合作的經驗——通常是以慘痛、心碎開始的居多，而結尾卻無比美好而甘甜。

在開平餐飲這所注重對話、強調合作的學校，如果我不願意學，沒有人可以幫我學習。

這所學校的創辦人夏惠汶院士，我所敬愛的「夏杯」，常說這裡是個修練的道場，必須經過一次次內在的超越，享受每次煎熬的歷程，才有機會與夥伴共創出美好的果實。

也是在這所奇妙的學校，我才開始認認真真學習如何與自己、與夥伴、與學生、與家長合作。

感謝彼得思教育的創始人夏杯，是他花費了三十多年的生命來經營，融合老莊哲學和後現代精神，讓我們終於有了從台灣本土長出來，順應台灣孩子需要的教育。在這六年沉浸於彼得思教育的學習中，我也才可能逐漸站穩，成為一位教師。

感謝開平餐飲的馬嘉延校長、夏豪均和張家聲兩位副校長，願意放手讓我犯錯、成長，與夥伴一起學習共好。

感謝政治大學的鄭同僚和陳榮政兩位教授，不斷以自身的榜樣激勵我，讓我對教育有更高層次的嚮往。

感謝荷蘭耶拿教育的校長亞普，讓我深入、貼近學習這個德國流傳百年，至今仍充滿真知灼見的創新教育。

感謝國際敘事治療大師吳熙琄，每個學期都陪伴開平餐飲的老師，與自我和夥伴對話；她溫暖與優雅的支持，讓我更有力量陪伴孩子。

感謝台灣彼得思創新教育中心課程研發主任馬嶔、開平進修學校主任李晶蓉、大安社區大學主任楊秋滿，始終是我在開放教育中激盪火花的好夥伴，支持我投入自己想完成的事。

感謝這些年在開平餐飲陪著我一起共創的教師團隊：小𤩽、阿呆、Jo、恬穎、筱菡、柏均、晨興、育仁、阿吉、偲芸等不可或缺的好夥伴，和他們在一起的時光，讓我不斷超越自己，也真實遇見自己。

感謝那些所有被我挑戰、下過戰帖、一起學習合作的學生，和他們一起玩中學、學中玩，一直是我教師生涯中最美妙、無可取代的經驗。

感謝親子天下的佩芬、宜穗、佩儒、胤孛和晨欣，接受我遙遙無期的拖稿，也願意給我機會，一同成就教育的大未來。

最後，當然要感謝我摯愛的妻念兒，也是我兩個兒女偉大的母親，在扮演帶孩子超級媽媽的同時，還能日夜陪著我順稿。我想，夫妻間的合作，除了滿足之外，也增添了幾分幸福。

合作課：從我到我們的團隊練習 / 吳緯中作；
-- 第一版 . -- 臺北市 : 親子天下 , 2019.09
面； 公分
ISBN 978-957-503-502-0(平裝)

1. 課程規劃設計 2. 合作教育

521.74 108015388

學習與教育 BKEE0209P

合作課
從我到我們的團隊練習

作者／吳緯中
責任編輯／林胤斈
編輯協力／盧宜穗、陳子揚
校對／魏秋綢、林冠妤
封面設計／三人制創
內頁設計／連紫吟、曹任華
行銷企劃／蔡晨欣

發行人／殷允芃
創辦人兼執行長／何琦瑜
副總經理／游玉雪
總監／李佩芬
副總監／陳珮雯、盧宜穗
資深編輯／楊逸竹
企劃編輯／林胤斈、蔡川惠
版權專員／何晨瑋

出版者／親子天下股份有限公司
地址／台北市 104 建國北路一段 96 號 11 樓
電話／（02）2509-2800　傳真／（02）2509-2462
網址／ www.parenting.com.tw
讀者服務專線／（02）2662-0332　週一～週五：09:00~17:30
讀者服務傳真／（02）2662-6048
客服信箱｜ bill@service.cw.com.tw

法律顧問／瀛睿兩岸暨創新顧問公司
總經銷／大和圖書有限公司 電話：（02）8990-2588
出版日期／ 2019 年 9 月第一版第一次印行
定　價／ 350 元
書　號／ BKEE0209P
ISBN ／ 978-957-503-502-0（平裝）